大学生協の
アイデンティティと
役割

協同組合精神が
日本を救う

滝川好夫
Takigawa Yoshio

日本経済評論社

　　　　　　　は　し　が　き

　国連（国際連合）は、それぞれの時代に即したテーマの「国際年」を設け、世界各国・各地域が共通のテーマに1年間取り組むように呼びかけている。国連は、2009年12月の総会で、「国際年」の共通テーマとして「協同組合」を選び、2012年を「国際協同組合年（International Year of Co-operatives：IYC）」とすることを宣言した。それを受けた日本の「2012国際協同組合年全国実行委員会」は「これは、協同組合がもたらす社会経済的発展への貢献が国際的に認められた証で、特に協同組合が貧困削減・仕事の創出・社会的統合に果たす役割が着目されています」と述べている。

　ヨーロッパで協同組合の組織化が行われた1840年代と、現在の日本の経済社会は格差問題の顕現化という点でよく似ている。すなわち、1840年代のヨーロッパでは、産業・都市の変化によって多くの人々のくらしが根底から転換し、工業都市では人々はスラムの中で社会的な崩壊に直面し、それはそれ以前の世代が経験したことのない生活条件を生み出すものであった。労働者は仕事から疎外され、家族生活は崩壊し、食品・住宅・貯蓄・雇用といった生活の基本的必要条件は絶えず危険にさらされていた。そのような中で、ほんの一部の人々が、協同組合精神がこのような悲惨な状況を改善できることに気が付き、協同組合の組織化を行ったのである。現在の日本の経済社会においても、経済格差問題が顕現化し、コミュニティは崩壊し、生活基盤がきわめて脆弱になっているので、時はまさに「協同組合精神」の時代である。

　1930年代の大不況下でルーズベルト大統領が国の形を問うた（本書第1章参照）ように、サブプライム金融危機・欧州経済危機下の国連は国の形を問い、両者はともに協同組合を国の形の1つと認知している。1990年代からはじまる"失われた20年"と呼ばれる長期低迷下の日本の経済社会の再生を真剣に検討

するとき、私は日本人の形として協同組合精神（正直、公開、社会的責任、他人への配慮）を、日本の形として協同組合主義をそれぞれ取り上げて議論することはきわめて有意義であると思っている。また、東日本大震災における「人と人の絆の大切さ」を考えると、各人がいま協同組合精神を再認識することは肝要である。

　本書は、神戸大学生活協同組合の理事・理事長・常任理事、大学生協神戸事業連合・阪神事業連合の理事・監事、大学生協神戸事業ブロックの教職員委員会委員長として大学生協に長らくかかわってきた私の信念に基づいて、「国際協同組合年」である2012年にあらためて、協同組合精神（一人は万人のために、万人は一人のために）でもって日本人および日本の政治・経済・社会を再生しようではないかという呼びかけのために書いたものである。

　本書を完成させるために、日本生活協同組合連合会の和田寿昭・執行役員（総合運営本部本部長）、全国大学生活協同組合連合会の大本隆史・常務理事、柳田章氏（専務理事スタッフ：会員支援部）、大久保厚氏（資料編纂室）、阪神事業連合の寺尾善喜・専務理事、一瀬昌嗣・監事、各大学生活協同組合専務理事の末松泰信氏（神戸大学）、掘隆行氏（大阪市立大学）、東原洋二氏（兵庫県立大学）、入船行由氏（近畿大学）、前田喜史氏（大阪電気通信大学）、永吉勝明氏（大阪府立大学）、各大学生協ブロック事務局長の南波好孝氏（大阪・和歌山）、横山治生氏（京滋・奈良）、藤江正俊氏（神戸）、津田塾大学の甲祥子さん、田中邦明・北海道教育大学函館校教授からのご教示がたいへん役立ったことをここに記して謝意を表したい。また、大学生協阪神事業連合理事会室の首浦洋子氏からは資料の提供を受けた。日本経済評論社の鴇田祐一氏には、私の願望と本書の企図を理解していただき、出版の機会を得られたことを、ここに記して感謝の意を表する。

　2012年7月第一土曜日（国際協同組合デー）

神戸大学大学院経済学研究科教授　滝川好夫

目　次

はしがき　iii

第1章　なぜいま協同組合か：国の形と国際協同組合年……3

1　2012年を「国際協同組合年」とする国連総会宣言　3
2　国の形と協同組合精神：国際協同組合年（IYC）　6
3　国際協同組合年に何が起こっているのか：
　　　協同組合の取り組み　8

第2章　協同組合とは何か：協同組合の
　　　　　アイデンティティに関するICA声明……15

1　ICAと「協同組合のアイデンティティに関する
　　　ICA声明」　15
2　協同組合の定義：協同組合とは何か　16
3　協同組合組織の6つの価値：協同組合人の理念　17
4　協同組合精神の4つの価値：組合員の信条　18
5　協同組合組織の7つの原則：
　　　協同組合組織の運営指針　18
6　ICAの2つの協同組合原則：1937年、1966年　20
7　1995年の協同組合原則改定の理由　23

第3章　日本の協同組合の歴史と制度……29

1　なぜ協同組合制度が誕生したのか：
　　　「産業組合法」成立史　29
2　協同組合はどのように分類されているのか　32

3　協同組合の多様性：5種類の協同組合　37
　　4　協同組合会計の4つの特異点　39

第4章　賀川豊彦の消費生活協同組合論……43
　　1　なぜ消費生活協同組合を作るのか　43
　　2　消費生活協同組合を作ることの7つの利益　46
　　3　消費生活協同組合を作るための消費者の覚悟　47
　　4　消費生活協同組合の5つの運営原則　48
　　5　消費生活協同組合の3つの経営鉄則　50

第5章　生協制度の見直しと消費生活協同組合法の改正……53
　　1　消費生活協同組合法：2011年5月最終改正
　　　　（未施行法令）　53
　　2　厚生労働省の「生協制度の見直しについて」：
　　　　2006年12月　61
　　3　「日本の生協の2020年ビジョン」：2011年6月　70
　　4　改正生協法の見直し　72

第6章　消費生活協同組合のアイデンティティと役割………77
　　1　組織形態としての協同組合　77
　　2　組織の性質：営利性、公益性、公共性　79
　　3　「協同組合のアイデンティティに関するICA声明」と
　　　　日本生協連　82
　　4　ICA生協委員会による「生協の運営ガイドライン」　85
　　5　ICAアジア・太平洋地域生協委員会による
　　　　「生協の運営ガイドライン」　88

第7章　大学生活協同組合のアイデンティティと役割………91

1　大学生活協同組合のアイデンティティ：
　　消費生活協同組合法 vs. 定款　91
2　大学生協の組織：総（代）会、理事会　97
3　大学生協の組織：組織委員会　104
4　大学生協の連帯活動　110
5　大学生活協同組合のアイデンティティ：理念と役割　113

第8章　大学生活協同組合の「事業 vs. 運動」……………117

1　協同組合の「経済的目的の事業 vs.
　　社会的目的の運動」　117
2　大学生協の2つの活動：事業と運動　119
3　大学生協の事業を見る眼：経営分析指標　122
4　大学生協の在り方：1992年の
　　「二十一世紀委員会答申」　128

第9章　協同組合憲章（草案）と日本の形……………135

1　ICA 理事会提案：「自立」「民主主義」「参加」
　　と協同組合　135
2　協同組合憲章（草案）　135
3　市場の失敗・政府の失敗と協同組合精神　144

第10章　本書のメッセージ……………149

1　本書のメッセージ(1)：国の形と協同組合精神　150
2　本書のメッセージ(2)：協同組合について　156
3　本書のメッセージ(3)：大学生活協同組合について　164

参考文献　173

大学生協のアイデンティティと役割

協同組合精神が日本を救う

第1章　なぜいま協同組合か：国の形と国際協同組合年

1　2012年を「国際協同組合年」とする国連総会宣言

国連は2012年を国際協同組合年と定めた

　国連（国際連合）では、1957年（国際地球観測年）より国際年（the UN International Year）を設定し、共通の重要テーマについて、世界各国・各地域が1年間を通じて呼びかけや対策を行うように取り組んでいる。国連は、2009年12月18日の第64回総会で、国際年の共通テーマとして「協同組合」を選び、2012年を「国際協同組合年（the UN International Year of Co-operatives：IYC）」とすることを宣言した。International Year of Co-operatives は一般には「国際協同組合年」と訳されているが、それは「協同組合（Co-operatives）」を共通のテーマとする国際年（International Year）のことである。

2012年を「国際協同組合年」とする国連総会宣言：国連は何を評価

　Resolution adopted by the UN General Assembly（Agenda item 61 (b)）は、JJC（日本協同組合連絡協議会）によって「2012年を『国際協同組合年』とする国連総会宣言」（以下、IYC国連宣言と略称）と訳されている。国連は、従前から社会開発における協同組合の役割を評価していたが、あらためて「協同組合は、その様々な形態において、女性、若者、高齢者、障害者および先住民族を含むあらゆる人々の経済社会開発への最大限の参加を促し、経済社会開発の主たる要素となりつつあり、貧困の根絶に寄与するものであることを認識する」「先住民族および農村コミュニティの社会経済状況の改善において協同組

合の発展が果たす可能性のある役割を評価する」と述べている。すなわち、国連は、次の３つの点で、協同組合を高く評価している。
① 参加型運営による貧困の根絶
② 社会開発、ジェンダー問題（女性地位向上）、住居、食糧、高齢化、開発資金、持続可能な開発に対する重要な貢献
③ 先住民族および農村コミュニティの社会経済状況の改善

IYC 国連宣言：国連は何を期待

国連は、協同組合に対する上記のような認識・評価から、IYC 国連宣言を行い、国際連合、国際連合全加盟国・加盟国、各国政府、関連国際機関、専門機関、その他すべての利害関係者に対して、以下のことを期待している。

(1) 国際連合全加盟国、国際連合、その他すべての利害関係者：

協同組合を推進し、社会経済開発に対する協同組合の貢献に関する認知度を高める。

(2) 国際連合加盟国：

持続可能な発展、貧困の根絶、都市と農村地域における様々な経済部門の生計に貢献することのできる企業体・社会的事業体としての協同組合の成長を促進し、新興地域における協同組合の創設を支援するためにさらなる行動をとる。

(3) 各国政府：

① 急速に変化する社会経済環境における協同組合の成長と持続可能性を高めるために、協同組合が協同組合以外の企業体・社会的事業体に対してイコールフッティングになるように、適切な税制面のインセンティブや金融市場へのアクセスを含めて、協同組合の活動に関する法的行政的規制を検討し続ける。

② 協同組合運動と協力して、１つには組合員の組織面、管理面、金銭面の技術を強化することによって、協同組合の能力強化をねらったプログラムを開発する、もう１つには協同組合の新技術に対するアクセスを改善するためのプログラムを導入・支援する。

(4) 各国政府、関連国際機関および専門機関：

国内および国際の協同組合協議会と協力して、社会開発、ジェンダー問題（女性地位向上）、住居、食糧、高齢化、開発資金、持続可能な発展に対する、協同組合の役割と貢献に配慮し、とりわけ、以下のことを行う。

① 社会発展目標、とくに貧困の根絶、完全雇用・生産的雇用の創出、社会的統合の強化といった目標の達成のために、協同組合の可能性と貢献を利用・発展する。

② 貧困生活者や、女性、若者、障害者、高齢者、先住民族などの脆弱層に属している人々をして、自由意志に基づいて協同組合に参加させ、彼らの社会的サービスに対するニーズを満たすことをねらった施策を含めて、協同組合の設立・発展を促進する。

③ 管理、監査、マーケティング技術の分野での、共同の諮問機関および／あるいは助言機関を通じた、各国政府と協同組合運動間の有効なパートナーシップの開発や、協同組合に関する法制化、研究、優れた慣行の共有、研修、技術支援、能力育成の改善によって、協同組合の発展を支援し可能にする環境を構築するための措置をとる。

④ 協同組合の雇用の創出や社会経済開発に対する貢献に関する一般市民の認知度を高め、協同組合の活動、雇用および社会経済全体に対する影響に関する包括的な研究や統計データ収集を国内および国際レベルで推進し、統計手法の調和によって健全な国内政策策定を促進する。

(5) 各国政府および国際機関：

① 協同組合・協同組合協会と協力し、資金調達の容易化、持続可能な生産技術の採用、農村インフラと灌漑への投資、マーケティングメカニズムの強化、女性の経済活動への参加支援によって、農業協同組合の成長を促進する。

② 協同組合・協同組合協会と協力し、手頃な価格の金融サービスをすべての人が容易に利用できるようにすることによって、包括的ファイナンスの目標を達成できるように、金融協同組合の成長を促進する。

なぜ国連は「国際協同組合年」を設定したのか

ICA（国際協同組合同盟）は、国際協同組合年を設定する国連の目的として、IYC 国連宣言から以下の３点を取り上げている。

① 協同組合および社会経済開発と「至福千年開発目標（the Millennium Development Goals）」の達成に対する協同組合の貢献に関する一般市民の認知度を高める。

② 協同組合の設立と成長を促進する。

③ 協同組合の設立・成長・安定につながる政策、法律、規制を定めるように政府に働きかける。

本書では、IYC 国連宣言から、国連は、協同組合（co-operatives）、協同組合協会（co-operative organizations）、協同組合運動（co-operative movement）と協力して、国際連合、国際連合全加盟国・加盟国、各国政府、関連国際機関、専門機関、その他すべての利害関係者が、以下の４つを行うことを期待しているものと整理しておく。

① 協同組合の社会経済開発に対する貢献についての一般認知度を高める。

② 企業体・社会的事業体としての協同組合の発展を促進し、協同組合の創設を支援する。

③ 協同組合が協同組合以外の企業体・社会的事業体と同一の活動を行えるように環境整備を行う。

④ 協同組合に関する研究を国内および国際レベルで推進する。

2　国の形と協同組合精神：国際協同組合年（IYC）

なぜいま協同組合か

「なぜいま協同組合か」の説明は、IYC 国連宣言にはないが、「2012国際協同組合年全国実行委員会」（以下、IYC 全国実行委員会と略称）は、2012年を国際協同組合年と定めた背景として、2007年の世界的な食料危機、2008年以降の金融・経済危機に対して、「協同組合が地域の経済に根ざしており、バブル

経済とその崩壊の影響を最小限に抑え、経済システムに安定性をもたらした」ことを挙げている。また、日本生活協同組合連合会は、「これは、世界が抱える貧困、金融・経済危機、食糧危機、気候変動などをはじめとする現代社会の重要課題の解決に向けて、協同組合が大きな役割を果たすことを期待したものです。」と説明している。

なぜいま協同組合か：1930年代の大不況 vs. リーマン・ショック

しかし、私は「なぜいま協同組合か」に対する回答を、国の形という問題意識から、次のように説明したい。すなわち、私は、1930年代の大不況下の米国 F. ルーズベルト大統領が日本の生活協同組合の生みの親である賀川豊彦を招待し、「どうすれば米国は大不況を克服できるのか」を問うたことの歴史的繰り返しとして、2008年に生起したリーマン・ショックをきっかけとしたサブプライム金融危機下の国連が国際年の共通テーマとして「協同組合」を選び、「協同組合はサブプライム金融危機を克服できるのか」を問うているように思う。

1930年代の大不況下でルーズベルト大統領が国の形を問うたように、サブプライム金融危機下の国連は国の形を問い、両者はともに協同組合を国の形の1つとして認知している。1990年代からはじまった"失われた20年"と呼ばれる長期低迷下の日本の経済社会の再生を真剣に検討するとき、私は日本人の形として協同組合精神を、日本の形として協同組合主義をそれぞれ取り上げて議論することはきわめて有意義であると思っている。

絆と協同組合精神：2011年3月11日の東日本大震災

拙著『資本主義はどこへ行くのか――新しい経済学の提唱――』（PHP研究所、2009年2月）では、私は、協同組合精神を「自立、互助、自制」ととらえているが、2011年3月11日に生起した東日本大震災という未曾有の苦難の中で被災者を支えたのは助け合う心（人と人の絆）であったのであり、「人と人の絆」は協同組合精神（one for all, all for one）そのものであったと思う。私の解

釈では、国連は、2008年9月のリーマン・ショックをきっかけとしたサブプライム世界金融危機を生んだ市場原理主義に対する反省から、国の形の1つとしての「協同組合」を2012年国際年の共通テーマとして選んだように思えるが、2011年に生起した東日本大震災における人と人の絆の大切さを考えると、2012年を「国際協同組合年」としたことは実に時宜を得たものになっている。

3　国際協同組合年に何が起こっているのか：協同組合の取り組み

国際協同組合年に、協同組合は何を行っているのか

2009年12月18日にIYC国連宣言が出され、2011年10月31日にニューヨークの国連本部でIYC開始イベントが開催された。午前中は非公式の円卓会議が行われ、午後は国連総会で国際協同組合年が正式に開始された。翌日の11月1日には、ニューヨークでICA（国際協同組合同盟）主催のリーダーシップフォーラムと、記者会見が行われた。

2011年2月には、国連が加盟各国に国際協同組合年（IYC）に向けた委員会を設けるように呼びかけたが、日本ではすでにIYC全国実行委員会が設立され、2010年8月4日に第1回IYC全国実行委員会が開催された。IYC全国実行委員会は国内の各協同組合全国組織から構成されているが、同委員会は「国連が協同組合を高く評価し、2012年を国際協同組合年と定めたことを誇りに思います。わが国の協同組合は、これを契機に、いま一度自らの使命・役割を再認識し、真摯に事業・活動を改革し、協同組合への参加の広がりの追求や公共性の増進に努めています。」と述べている[1]。

2012年10月8日―11日には、カナダで2012協同組合国際サミットが開催され、同年11月26日―30日には、日本でICAアジア太平洋地域総会および協同組合フォーラムが開催される[2]。

国際協同組合年のスローガンとロゴ

　2010年11月2日、ニューヨークの国連本部で国際協同組合年（IYC）に向けた計画会議が開催されて、IYCのスローガンが、"Co-operative enterprises build a better world" に決まり、その和訳は2011年1月18日に行われたIYC全国実行委員会幹事会で「協同組合がよりよい社会を築きます」と決まった。

　国連が2012年を国際協同組合年としたことは、東日本大震災にあった日本にとってはとりわけ時宜を得たものになっていると思うが、「なぜいま協同組合か」を私なりに考えるとき、IYC国連宣言の内容は協同組合組織のことばかりで、協同組合精神への言及がまったくないことに失望している。私は、本書を通じて、Co-operative enterprises（協同組合組織）ではなく、協同組合精神（「協同」：正直、公開、社会的責任、他人への配慮）がよりよい社会を築きますと言いたい。

　IYCのロゴは、7名の人が協力して立方体を持ち上げ支えている様子を描いている。IYC全国実行委員会は、この立方体について、「この立方体は、協同組合の事業が目指す様々なゴール・志や、それらの事業が果たせる成果を表現しています。」と説明しているが、立方体が1つで、協力して立方体を持ち上げ支えている人が7名であることについて、私はロゴが1995年の「協同組合のアイデンティティに関するICA声明」（以下、1995年ICA声明と略称）を正確に表していると評価している。すなわち、ともすれば、協同組合のアイデンティティを事業内容に求めるものがあるが、協同組合の事業は組合員の経済

図1-1　2012国際協同組合年のロゴ

出所：http://www.ica.coop/al-ica/ より作成

的・社会的・文化的ニーズと願いを満たすことであって、きわめて単純明快である。立方体が1つというのは「組合員の経済的・社会的・文化的ニーズと願い」のことであり、IYCのスローガン中の"a better world"である。協同組合のアイデンティティは「協力して立方体を持ち上げ支えている人が7名であること」に、すなわち組合員の経済的・社会的・文化的ニーズと願いを達成するための方法に求められる。ロゴの特徴は、協同組合の目標を実現する方法の数を明示していることであり、これが協同組合のアイデンティティを示している。

1995年ICA声明は2012年現在の協同組合原則であり、それは「協同組合とは何かの定義」「協同組合の価値観と組合員の信条」「協同組合の7つの原則」の3つからなっている。協同組合の7つの原則は、協同組合が自助、自己責任、民主主義、平等、公平、連帯といった6つの価値を実現するための、「自発的で開かれた組合員制度」「組合員による民主的管理」「組合員の経済的参加：出資金の拠出と剰余金の使途」「協同組合の自治と自立」「教育、訓練および広報」「協同組合の間の協同」「コミュニティに対する関心：組合員とコミュニティの関係」の7つの運営指針である。協同組合の価値を実現するための7つの方法がロゴの「協力して立方体を持ち上げ支えている7名」の意味するものであり、それが協同組合が何であるかのよりどころ（アイデンティティ）である[3]。

IYC全国実行委員会によるキックオフイベント：2012年1月13日

IYC全国実行委員会は「国際協同組合年とは、協同組合の社会経済開発、世界の食料安全保障や金融危機への取り組みに期待し、その活動を広めることをめざしたものです。」と述べている。

2012年1月13日に、日本の2012国際協同組合年キックオフイベントが開催され、同日「協同組合憲章草案」が決定された。当日は、パン・ギムン（Ban Ki-moon）国際連合事務総長から、次のような「日本の国際協同組合年キックオフイベントへのメッセージ」があった。

日本において、国際協同組合年（IYC）全国実行委員会キックオフイベント（Japan National Planning Committee for the IYC 2012）が開催されることに際し、心よりお慶び申し上げます。全世界にわたり人々が金融および経済危機に直面し苦闘しているところであり、先進国や発展途上国のいずれにおいても、一般市民はますますの平等、尊厳そしてよりよい生活を築くための必要な機会を求めています。このような当然の熱い思いに応えるため、我々は実行性と社会的責任を兼ね備えている協同組合の活動から、力を引き出すことができることでしょう。協同組合は、雇用の創出や貧困の削減により組合員やコミュニティの一助となります。また協同組合は、危機の際に最も打撃を被る、若者、女性、高齢者、障害者、先住民などのようなグループに手を差し伸べることもあります。この度の国際協同組合年は、協同組合の社会的認知度を上げ、協同組合に関する情報を広め、政府に協同組合の成長を助長させる機会となるものです。また、協同組合の価値の重要さを際立たせる好機ともなるもので、とくに環境への配慮、包括性、人々の連帯が挙げられます。（中略）日本においては、何千万人もの協同組合の組合員が、それぞれの分野において重要な貢献を果たしています。多くの方々は、2011年3月11日に発生した三重の大災害を受けて、その復興を支援してきています。わたしは、協同組合によって促進されてきた価値が、現状抱える日本のいくつかの課題を克服し、将来においてさらに大きな安定性と繁栄を創造するとともに、日本や世界へもプラスの効果を強める働きをするであろうことを確信しています。このような気持ちを抱きつつ、このキックオフイベントが成功に終わることを祈念いたします。（JCCUNewsの英文と「2012国際協同組合年全国実行委員会事務局翻訳」より作成）

　パン国連事務総長の協同組合に関する認識は実に正確であり、「協同組合によって促進されてきた価値が、現状抱える日本のいくつかの課題を克服し」との指摘はまことに心強いものであり、私もそうありたいと願っている。

国際協同組合年に、協同組合は何を行えばよいのか

　IYC国連宣言は、国際連合、国際連合全加盟国・加盟国、各国政府、関連国際機関、専門機関、その他すべての利害関係者が国際協同組合年に行うことを書いているのであり、協同組合が何を行えばよいのかを書いているものではない。

　本書は、「日本国の形はどうあるべきか」という問題意識から、官でもない（政府の失敗）、民でもない（市場の失敗）、国の形を変えるための第3の道の担い手になりうる協同組合のアイデンティティ（協同組合とは何か）とその役割を検討し、日本のゆくえを議論している。

　本書は、国の形から協同組合精神・協同組合組織（協同・協同組合）を取り上げているが、国連が国際協同組合年を設け、協同組合組織をサポートするように呼びかけているのに対して、協同組合・協同組合人はどのように応えるべきであろうか。私は、2012年（国際協同組合年）においては、5種類の協同組合（生活協同組合、農業・林業・漁業協同組合、労働者協同組合、金融協同組合、サービス協同組合）には、あらためてそれぞれのアイデンティティとその役割を再認識し、現在の問題意識から、過去を回顧し、未来を展望してもらいたいと思っている。

　協同組合のモットーは、一般には「一人は万人のために、万人は一人のために（one for all, all for one）」とされているが、組織形態としての協同組合は"営利でもない、公益でもない、組合員互助の、講学上の中間法人"と位置づけられ、協同組合のモットーは、厳密には「一人の組合員はすべての組合員のために、すべての組合員は一人の組合員のために」である。協同組合は法律上・定款上、公益性を発揮しにくく、その点で、世間では、万人のためのNPO（非営利法人）は高く評価され、組合員のための協同組合はしばしば身内組織として冷ややかに見られている。しかし、パン・ギムン国連事務総長は「実行性と社会的責任を兼ね備えている協同組合」「協同組合は、雇用の創出や貧困の削減により組合員やコミュニティの一助となります。」「協同組合によっ

て促進されてきた価値が、現状抱える日本のいくつかの課題を克服し」と述べ、このメッセージを読む限り、協同組合組織の限界付きの公益性、協同組合精神という普遍価値は国の形を変えうるものと期待されているのである。

注

1) レイドロー報告［1980］では、協同組合の経済的目的と社会的目的が区別され、協同組合関係の資料には、経済的目的をもった「事業」、社会的目的をもった「活動」という用語法で「事業・活動」が、あるいは、経済的目的をもった「事業」、社会的目的をもった「運動」という用語法で「事業・運動」が用いられている。
2) 2012年の3月15日―16日にイタリアで「より良い世界に向けた協同組合の促進と理解」、3月21日―23日にドイツで「グローバルな課題への協同組合の対応」の国際会議、7月3日―5日にイギリスで「協同組合の主流化：21世紀の選択肢？」の国際フォーラム、8月15日―17日にカナダで「2012年を想像しよう」の協同経済に関する国際会議がそれぞれ行われる。
3) IYC全国実行委員会はこれら7つの原則を「協同組合運動の7原則」と呼んでいるが、協同組合についてはしばしば「事業」と「運動」が区別され、「事業」・「運動」の区別を行えば、これら7原則は事業・運動遂行の上で、協同組合の6つの価値を実現するための7つの原則である。

第2章　協同組合とは何か：協同組合のアイデンティティに関するICA声明

1　ICAと「協同組合のアイデンティティに関するICA声明」

ICA（国際協同組合同盟）は協同組合の国際組織

　ICA（International Co-operative Alliance：国際協同組合同盟）は1895年にイギリスのロンドン（現在の本部はスイスのジュネーヴ）に設立され、「世界の協同組合を結びつけ、代表し、そしてそれらに奉仕する、独立した非政府組織」（世界の協同組合の連合組織）である。2012年3月現在、ICAには世界96カ国から267の協同組合全国組織が加盟し、ICAは国連に登録された世界最大の国際NGO（Non-Governmental Organization：非政府組織）である。

「協同組合のアイデンティティに関するICA声明」：1995年

　ICAは、1995年9月23日のマンチェスター全体総会において、「協同組合の

表2-1　ICA加盟の地域別の協同組合組織数（2011年3月末時点）

地域	国数	組織数
ヨーロッパ	34	81
南北アメリカ	20	74
アジア・太平洋	26	69
アフリカ	13	23
計	93	247

国際機関除く
出所：2012国際協同組合年（IYC）全国実行委員会「2012国際協同組合年ってなに？～日本の協同組合のいま～」2012年1月

アイデンティティに関する声明（The International Co-operative Alliance Statement on the Co-operative Identity）」を採択し、それは「協同組合のアイデンティティに関する ICA 声明」（以下、1995年 ICA 声明と略称）と呼ばれている[1]。

1995年 ICA 声明は2012年現在の協同組合原則であり、それは「協同組合とは何かの定義」「協同組合の価値観と組合員の信条」「協同組合の7つの原則」の3つからなっている。ICA の定款の中で、協同組合原則は ICA への加盟資格要件として位置づけられている。

2　協同組合の定義：協同組合とは何か

協同組合とは何か：ICA のはじめての公式定義

1995年 ICA 声明は、「協同組合（co-operative）は、共同所有され、かつ民主的に管理された事業体（enterprise）を通して、共通の経済的、社会的、文化的なニーズと願いに応えるために、自発的に結合された人々の自治的な組織である。」と定義している。これは「協同組合とは何か」に真正面から答える ICA のはじめての公式定義である。「自発的に結合された人々の自治的な組織である」中の「自発的に」は組合員の加入・脱退は自由であることを意味し、「人々の」は個人、法人のいずれであることも可能であることを意味し、「自治的な組織」は政府・私企業から独立していることを意味している。「共通の経済的、社会的、文化的なニーズと願いに応えるために」は、協同組合の存在理由が組合員共通の経済的、社会的、文化的目的を満たすためであることを示している。「共同所有され、かつ民主的に管理された事業体」は、協同組合を他の種類の組織（政府・私企業）と識別する際に重要であり、「一人一票」の協同組合民主主義を示している。

組織形態としての「協同組合」のアイデンティティを構成する3つの要素の第1は一人ひとりの経済的、社会的、文化的なニーズと願いについて、共通性を有すること、第2は共通の経済的、社会的、文化的なニーズと願いを個人的

方法よりも共同事業によってより良く充足できること、第3は自発的に結合された人々（組合員）によって共同所有され、民主的に管理された、自治的な組織であることである。これら3要素が協同組合であるための要件である。

3　協同組合組織の6つの価値：協同組合人の理念

協同組合組織の6つの価値：事業・運動の運営方法が従う価値

　協同組合事業・運動の基礎にあるのは自助、自己責任、民主主義、平等、公平、連帯といった6つの価値である。「自助」は、self-helpの訳語であり、"自らのことは自らで行う"ということであるが、協同組合事業・運動の基礎にある価値観の1つは、一人ひとりが達成できることには限界があり、限界を乗り越えての完全達成は「協同」を通じてのみ成し遂げると信じることである。協同組合事業・運動の「自己責任」は、"自らのことを自らで行った"結果に対して自己で責任をもつことであるが、協同組合の確立・推進、協同組合の他の種類の組織（政府・私企業）からの独立といった責任を意味している。「平等」は、組合員が組織内において可能な限り平等に扱われることを意味している。すなわち、組合員は人間または人間の集合体であり、意思決定に関与する権利などについて、一人ひとりを平等（人格平等）に取り扱っている点で、協同組合は他の種類の組織（政府・私企業）と区別される。「民主主義」は、出資金の多い・少ないにかかわりなく「一人一票」（人格平等）であるということである。「公平」は、組合員が協同組合への参加に対する報酬（所得・財産の分配）を公平に受け取ることを意味している。マクシァーソン教授の最終案・第1版の「相互責任」が1995年ICA声明では「自己責任と連帯」に変わったのであり、「連帯」は組合員同士の互助のことであるが、責任概念から整理すると、連帯は、すべての組合員を公平に扱うこと、職員を公平に扱うことといった組合員の2つの責任を意味している[2]。

4　協同組合精神の4つの価値：組合員の信条

組合員の信条：4つの倫理的価値

　協同組合精神は倫理性・道徳性を有し、組合員の信条は正直、公開、社会的責任、他人への配慮といった4つの倫理的価値であるが、「正直」がとくに重要視されている。「公開」は組合員・非組合員に対する情報公開のことであり、協同組合は公共性をもった組織である。「社会的責任」は協同組合のコミュニティに対する責任のことである。「他人への配慮」はコミュニティに対する人的・金銭的貢献のことである。

5　協同組合組織の7つの原則：協同組合組織の運営指針

協同組合の7つの原則

　次の7つの原則は、協同組合が自助、自己責任、民主主義、平等、公平、連帯といった6つの価値を実現するための運営指針である。協同組合には、これら7つの原則の履行のみならず、7つの原則の精神を遵守することが求められる。協同組合は、なんらかの1つの原則のみの遵守・履行の可否によって判断されるべきではなく、原則全体をいかにうまく遵守・履行しているかによって評価されるべきである。

① 自発的で開かれた組合員制度

　各協同組合はそれぞれ特定の目的で組織され、組合員になるのは自発的である。協同組合は、利用するために、組合員としての責任を喜んで受け入れるすべての人々に開かれている。「組合員としての責任（義務）」は協同組合によって異なるが、出資金の拠出、投票権の行使、会議への参加などを含んでいる。「すべての人々」は、協同組合が性別による、あるいは社会的・文化的・人種的・政治的・宗教的なちがいによる差別を行わないことを意味している[3]。

② 組合員による民主的管理

協同組合は、組合員によって管理される民主的組織である。単位協同組合（単協：一次レベルの協同組合）の組合員は「一組合員、一票」といった平等（人格平等）の投票権を有しているが、単位協同組合以外の協同組合（二次、三次レベルの協同組合）は、加盟協同組合の組合員数などを反映した比例投票制をとっている。協同組合内で選出されたすべての役員は、在任期間全体を通じて組合員に対して責任を負っている[4]。

③ 組合員の経済的参加：出資金の拠出と剰余金の使途

各人は、組合員としての利益を受けるために出資するが、組合員資格を得るための出資金に何らかの利子・配当が支払われることはほとんどない。協同組合は事業から得た利益の中から準備金の積み立てを行い、これらの内部留保の全部あるいは大部分は集団的に所有されている。組合員は配当がある場合でも制限された率で受け取る[5]。

④ 協同組合の自治と自立

政府は、協同組合が活動する法的枠組みを決定し、協同組合に対して協力的なこともあれば、非協力的なこともある。協同組合は、組合員によって管理された、自治的な、自助の組織である。協同組合は組合員による民主的管理を保証し、協同組合の自立（自らの運命を管理する自由）を維持しなければならない[6]。

⑤ 教育、訓練および広報

協同組合は、組合員、協同組合内で選出された役員、管理職、職員に対して、協同組合の理念と事業・運動の複雑さと豊かさについての教育を行う。また、協同組合は、協同組合関係者のすべてがその責任を遂行するために必要な技能を身につけるように訓練を行う[7]。協同組合は若い人々やオピニオンリーダー（政治家、公務員、マスコミ、教育者）に対して、協同組合精神を広報する[8]。

⑥ 協同組合の間の協同

協同組合は、ローカル（地域）、ナショナル（全国）、リージョナル（いくつかの国から形成される各地域）、インターナショナル（全世界）といった重層構造で機能することによって、組合員に対してもっとも効率的にサービスを提

供し、事業・運動を強化できる[9]。協同組合は、お互いの実践的でしっかりした協同を通じて大規模組織の利点を得ることができ、その影響力を最大化することができる[10]。

⑦ コミュニティに対する関心：組合員とコミュニティの関係

協同組合は、組合員によって承認された政策を通じて、そのコミュニティの経済的、社会的、文化的な発展のために活動する。しかし、協同組合は本来、組合員の利益のために存在している組織であり、協同組合がコミュニティにどのくらい深く、どのような形で貢献すべきかを決定するのは組合員である[11]。

6　ICAの2つの協同組合原則：1937年、1966年

ICAによる協同組合原則の改定：3つの理由

ICAは1895年の設立以来、世界情勢の変化に合わせて、次の3つの理由で、協同組合原則を見直している。

① 協同組合の理念の普及

変化する世界情勢の中で、協同組合の理念がいかに適用されるかを示す。

② 新たな挑戦のための協同組合の組織化

協同組合が、新たな挑戦に対応するために、いかに組織化をすすめることができるかを示す。

③ 協同組合運動の基本的目的の再検討

協同組合に関わっている人たちに、協同組合運動の基本的目的を再検討させる[12]。

ICAの2つの協同組合原則：1937年、1966年

ICAは、1937年と1966年の二度にわたって協同組合原則に関する公式の宣言を作成している。

(1) 1937年の7つの協同組合原則：第15回パリ大会

1921年第10回バーゼル大会は、ロッチデール・パイオニアーズ（ロッチデー

ル公正開拓者組合)の活動についてはじめて触れ、ICA の定款第 1 条を「ICA は、ロッチデール・パイオニアーズの活動の継続の上に、完全に独立し、自身の方法でもって、コミュニティ全体の利益のために、相互扶助(ミューチャル・セルフ・ヘルプ)に基づき組織された協同組合システムが、現在の私的企業の競争体制にとって代わることを追求する」と改めた。1937年第15回パリ大会は、ロッチデール原則にもとづいた、「協同組合加入の開放(open membership)」「民主的運営」「購買額に対する割り戻し」「出資金に対する配当の制限」「政治的・宗教的中立:自助による拠点的地域社会の構築」「現金取引」「教育の促進」といった7つの原則を採択し、「他の基本的原則」を提示した[13]。

「他の基本的原則」は「組合員のみとの取引」「自主的協同」「時価あるいは市場価格での販売」「譲渡不可能な資産の規定」といった4つであり、それらはロッチデール公正開拓者組合の定款には述べられていないが、彼らの実践から導出される原則である。

(2) 1966年の6つの協同組合原則:第23回ウィーン大会

1966年第23回ウィーン大会は新しい6つの原則を採択した。新しい6つの原則では、1937年の7つの原則のうち「政治的・宗教的中立:自助による拠点的地域社会の構築」「現金取引」の2つが削除され、新たに「協同組合間の協同」が取り入れられた。したがって、1966年の6つの協同組合原則は、1937年の7つの原則と同様のフレーズ表現で書くと、以下の通りである。

① 協同組合加入の開放(open membership)
② 民主的運営
③ 出資金に対する配当の制限
④ 購買額に対する割り戻し
⑤ 教育の促進
⑥ 協同組合間の協同

しかし、1966年の6つの協同組合原則は、1937年の7つの原則のフレーズ表現とは異なり、文章表現で以下のようにまとめられている(項目タイトルは筆者)。

① 協同組合加入の開放（open membership）

「協同組合への加入は自由意思によるべきであり、協同組合はその事業を利用し、かつ組合員としての責任を引き受ける意志のあるすべての人に門戸を開くべきである。その際、人為的な制限や社会的、政治的、宗教的な差別があってはならない。」

② 民主的運営

「協同組合は民主的組織である。その業務は組合員が同意した方法で選挙されるか、もしくは任命された人々によって管理されなければならず、また選ばれた人々は組合員に対し責任を負わねばならない。単位組合の組合員は平等の議決権（一人一票）をもち、協同組合の諸決定に参加する権利を享受すべきである。単位組合以外の組織においては民主主義を基本とし、それぞれに適した形態で管理がなされるべきである。」

③ 出資金に対する配当の制限

「出資金に対する利子は厳正に制限された利率によって支払わなければならない。」

④ 購買額に対する割り戻し

「協同組合の運営によって生じた剰余金または節約金は組合員に帰属するものであり、これを組合員に払い戻すにあたっては、だれかの犠牲においてだれかが得をするようなやり方を避けなければならない。組合員の決定によりつぎのように実施することができる。

　　a）協同組合の事業発展のための準備金
　　b）共通サービスのための準備金
　　c）組合利用高に比例した組合員への配分」

⑤ 教育の促進

「すべての協同組合は経済的、民主的両面を含む協同組合の原則および技術について、組合員、役員、職員および一般の人々を対象とした教育を準備しなければならない。」

⑥ 協同組合間の協同

「すべての協同組合組織は、その組合員ならびにコミュニティの利益に最善の奉仕をするため、地方的、全国的、国際的レベルで、現実的な方法によって積極的に協同すべきである。」

7　1995年の協同組合原則改定の理由

1937年・1966年協同組合原則に対する批判

「1937年の7つの協同組合原則」と「1966年の6つの協同組合原則」の2つの協同組合原則に対しては、いくつかの批判と代替的な協同組合原則の提案がある。ここでは、協同組合原則の主たるいくつかの代替提案を紹介し、1995年ICA声明で取り上げられなかった原則を明らかにする[14]。

① M. コロンバン：1979年

「連帯と双務責任」「平等と民主主義的運営」「非営利事業」「公平、公正、均衡」「広義な意味での協同組合教育」の5つであり、双務責任、非営利事業、均衡は取り上げられなかった。

② W. P. ワトキンズ：1986年

「統一」「経済」「民主主義」「公正」「自由」「教育」「責任」の7つであり、統一は取り上げられなかった。

③ L. マルコス：1988年

「参加」「民主主義」「誠実」「他人への配慮」の4つである。

④ S. Å. ベーク：1992年

「ニーズに応える経済活動」「参加型民主主義」「人々の能力の発揚」「社会的・環境的責任」「国内・国際的協力」の5つであり、人々の能力の発揚、社会的・環境的責任は取り上げられなかった。

1995年の協同組合原則改定の理由：表向きの理由 vs. 本当の理由

ICAは、協同組合原則を1937年に設定し、1966年、1995年の2回改定している。1995年の改定「協同組合のアイデンティティに関する声明」では、協同

組合の定義がはじめて行われた。H. ミュンクナー教授は、1995年の協同組合原則改定の理由として、次の2つを挙げている。

(1) 1995年改定の表向きの理由：協同組合の立て直し

協同組合は、私企業のビジネスモデルの模倣により、経営を危うくしている。協同組合原則改定により協同組合の特質を明確にし、競争相手に対する競争力の源泉としなければならない。

(2) 1995年改定の本当の理由：未来への発展志向

旧社会主義体制下の協同組合や新興国の協同組合が国家主導の下で、自主性を失い、国家の政策遂行上の一機関となってしまっていたことにより、自主性という重要な協同組合原則を議論することができなかった。しかし、情勢の変化により、協同組合原則改定により、自主性を取り上げることができるようになった。

1995年 ICA 声明に対するコメント

以下では、1995年 ICA 声明に対する本書のコメントを行う。

① 「協同組合の私企業へのにじり寄り」vs.「隣人からのお金は自立を育む」

協同組合の事業・運動の運営方法が従う価値として、マクファーソン教授の最終案・第1版では「自助、相互責任、民主主義、平等、公平」の5つが挙げられていたが、1995年 ICA 声明では「自助、自己責任、民主主義、平等、公平、連帯」の6つが挙げられることになった。すなわち、ICA 声明では、相互責任が自己責任に変わり、連帯が追加された。相互責任であれば、責任の所在が分からなくなり、自立が育たないので、まずは自己責任、次に互助（連帯）を謳っているのであろう。1995年協同組合原則改定の経済背景は、一言でいえば市場原理主義の席巻であり、一方で、CSR（企業の社会的責任）を取り入れるなど私企業による協同組合精神の取り込みがあり、他方で協同組合の私企業へのにじり寄りがある時期である。自助（self-help）、自己責任（self-responsibility）と2つ自己（self）が重なっているのは市場原理主義の席巻の影響である。自立を重視することは、結果としては正解であったが、私は「協

同組合の私企業へのにじり寄り」という意味からの自立重視ではなく、「天からのお金は自立を失わせ、隣人からのお金は自立を育む」という意味からの自立を重視したい。すなわち、市場（民間）だけに任せておけない理由の1つは、所得分配の不公平性（経済格差）であり、政府は経済格差是正のために市場に介入するのであるが、それは天からお金が降ってくる錯覚をもたらすような上から目線の施策である。経済格差是正について「政府 vs. 協同組合」を問題にすれば、政府が「天からお金が降ってくる錯覚をもたらすような上から目線」であるのに対して、協同組合は「隣人からの援助をこの度は受ける同一目線」である。「天からお金が降ってくる錯覚をもたらすような上から目線」の政策は人々の自立を失わせ、たかり精神を生みかねないが（政府の失敗）、「隣人からの援助をこの度は受ける同一目線」は"今回は隣人の世話になるが、次回は隣人を世話する覚悟"といった自立・互助（協同組合精神）を生むのである。

② 協同組合は共助によって育まれる自立をめざす組織

1995年ICA声明についての座談会（日本生活協同組合連合会編［1996］）の中で、山下俊史は「ミューチュアル・ヘルプ（mutual help）というのは、連帯に含まれるというのがマクファーソンさんの言い方なのですが、ちょっと違っているような気がしています。いまの時代は自助が大事だから自助のほうを強調するのに賛成ですが、いずれ世の中がもっと進んで共通認識がはっきりしていけば『互助』という言葉をどこかで言わなければいけなくなるのではないか」（p.70）、立川百恵は「協同組合は一人ひとりの人たちの自助の組織である。」（p.74）とそれぞれ述べているが、協同組合の基礎にある価値観の1つは、一人ひとりは弱いものであり、達成できることには限界があり、限界を乗り越えての完全達成は「協同」を通じてのみ成し遂げると信じることである。市場原理主義は自助のみを強調し、公助（政府）は自立を失わせ、共助は自立を育む。協同組合は、共助によって育まれる自立をめざす組織である。

③ 組合員と生協職員の関係への言及

賀川豊彦「家庭と消費組合」は、「組合を作る場合に、従業員を決して使用人だと考へないで、同志と考へ、買ひ手は進んで組合に仕へる気持ちで努力し

なければならない。(中略) 若しも英国のロッチデールで28人の職工が今から84年前、消費組合を作つたときの様に、自分等のうちの仲間のものが交替に、買ひ出しに行つて、仲間で店の番をする様な精神がいつ迄もつゞけばその組合こそ理想的の組合であると云ふて差支へない。」(p.62) と述べている。ICA 声明は組合員向けのものであるが、そこには組合員と生協職員の関係についての言及が欲しかった。

注

1) 1995年9月20日から22日までICA（本部スイスのジュネーヴ）の創立100周年記念大会、23日ICA総会（最高決議機関：2年おきの開催）がイギリスのマンチェスターで開催され、それは大会と総会が初めて一緒に行われたものであった。総会の議題は「21世紀に向けての協同組合原則」（協同組合の原則改定）であり、内容は「協同組合のアイデンティティに関する声明」「背景資料」「21世紀に向けての宣言」の3つからなっている。原案作成の作業はI. マクファーソン・ヴィクトリア大学教授（元カナダ協同組合連合会会長）によって行われた。

2) マクファーソン教授の最終案・第1版では価値として「自助、相互責任、民主主義、平等、公平」が挙げられていたが、1995年 ICA 声明では、相互責任が自己責任に変わり、連帯が追加された。つまり、「相互責任 vs. 自己責任と連帯」の問題設定で、自己責任（自立）をまず強調しなければならないということで、ICA 声明は「自己責任＋連帯」にしたと思われる。

3) フォーケ [1935] は、「協同組合は、自動的に諸結果を生むものではない。協同組合は、協同組合人が自らを助け、全員が等しく努力をなすときにのみ、協同組合人を助けるのである。したがって実際の問題は、自発的組合員制度か強制的組合員制度かにあるのではなくて、無関心かつ気まぐれな組合員なのか、それとも共同の事業、および仲間の組合員に対し責任を感じ、着実に根気よく活動を継続する積極的な組合員なのかどうかということである。」(訳書 p.95) と述べている。自発的組合員制度は協同組合の特徴の一つであるが、協同組合運営にとっては「共同の事業、および仲間の組合員に対し責任を感じ、着実に根気よく活動を継続する積極的な組合員」であることが重要であり、そのような組合員を育成するには組合員教育が必要である。

4) マクファーソン教授は、協同組合は、つねに民主主義の精神を醸成しなければならないと論じている。「一人一票」の原則は、社会的に平等とみなされる自然人からなる第一次的協同組合においてのみ厳密に適用されている。協同組合連合会のような第二次的協同組合においては、この原則は、各第一次的協同組合にそのメンバー数に比例して票

決権を与えることによって間接的に適用されている。しかし、連合の原則として、連合を構成する単位にそれぞれの独自性を認める場合には、平等の代表権が与えられる。

5) マクファーソン教授は1995年ICA声明の背景資料において、追加出資金に対しては市場利子率での利子を支払うことが適切であると論じている。フォーケ[1935]は、「協同組合原則は、組合員がその義務の一部として拠出する出資金に対して利息を支払うことを要求しない。利息が支払われるとしても、それは制限されるべきであるということを意味する。そのすべてのまた唯一の目的は、剰余金の資本家的分配を排除することである。」(訳書p.82)と述べている。

6) これは新しく付け加えられた原則であり、1995年協同組合原則改定の本当の理由の1つとみなされているものである。1937年協同組合原則には「政治的・宗教的中立」という論争をよんできた原則があったが、1995年原則は協同組合が政府、政党、宗教等から独立した、自治と自立の組織であることを明瞭にうたっている。

7) マクファーソン教授は1995年ICA声明の背景資料において、事業・運動を効率的に遂行しながら、組合員と協同組合役職員の間の双方向のコミュニケーションを効果的に行う協同組合は失敗することはないと論じている。

8) フォーケ[1935]は「協同組合人の相互関係については、全人格が含まれる。社会的人間は、単純な経済的紐帯以上に、あらゆる絆によって彼らの仲間にかかわり結びつけられている。ここから協同組合の組合員の間の平等性の原則、年間剰余の一部を教育的社会的目的にあてる一般的な実践活動が導き出されるのである。これらの実践と慣行を完全に取り入れることは、協同組合組織が発生し発展した社会環境のあらゆる特徴と理想を喚起することによってのみ行われる。」(訳書pp.87-88)と述べていて、「教育、訓練および広報」は協同組合のアイデンティティが人と人のつながりを基礎としている「人格経済」であることを示している。

9) マクファーソン教授は1995年ICA声明の背景資料において、「事実、国民国家が国際経済をコントロールする能力を失っているので、協同組合は普通の人々の直接の利益を護り拡大するユニークな機会をもっている。」と述べ、また「特定の協同組合やある種の協同組合に専念することは比較的簡単である。連帯という価値や協同組合間協同という原則に基づいて、全般的な協同組合としての利益があることを理解するのは簡単ではない。」と述べ、異種の協同組合が協同することがとりわけ重要であると論じている。

10) 「協同組合の間の協同」には、「同種の協同組合が協同する」タイプと「異種の協同組合が協同する」タイプの2つの連帯がある。協同組合は多様性を有し、多数の異種の協同組合が存在するが、それらは協同組合であるための共通原則を有しているので、「異種の協同組合が協同する」こと(異種協同組合間連帯)は十分可能である。

11) これは新しく付け加えられた原則である。初期の原案では「コミュニティに対する関心」ではなく「コミュニティに対する責任」となっていた。

12) 協同組合原則の改定については、一方で「時代や環境の変化に応じて、原則は変化すべきである」という見方もあれば、他方で「運動の変質を防ぐことや、原点に帰るために、原則は不変であるべきである」という見方もある。
13) これら7つの原則は反対2票が出たものの採択され、そのこともあって「協同組合加入の開放」「民主的運営」「購買額に対する割り戻し」「出資金に対する配当の制限」の4つの原則だけがICA加入の条件となった。
14) A. F. レイドローの「西暦2000年における協同組合」(1980年)は「1937年の7つの協同組合原則」と「1966年の6つの協同組合原則」の2つの協同組合原則は主として生活協同組合についてのものであり、他の種類の協同組合には適用することができないと指摘している。

第3章　日本の協同組合の歴史と制度

1　なぜ協同組合制度が誕生したのか：「産業組合法」成立史

内務省の「信用組合法案」vs. 農商務省の「産業組合法案」

　信用組合・産業組合は日本の協同組合の法制上の元祖である。本項では、「2012国際協同組合年」時点の問題意識から、協同組合を回顧する。

　1891年（明治24年）12月1日、第2帝国議会（貴族院）において、品川弥二郎・内務大臣、陸奥宗光・農商務大臣、平田東助・法制局部長によって「信用組合法案」が上程され、1897年（明治30年）2月18日、第10帝国議会（貴族院）において、榎本武揚・農商務大臣、樺山資紀・内務大臣によって「産業組合法案」が上程された。「産業組合法」は協同組合を規定した画期的な法律として、1900年（明治33年）3月7日公布、同年9月1日施行された[1]。

　日本における協同組合立法の嚆矢は、1891年12月の信用組合法案の帝国議会貴族院上程であるが、信用組合法案は審議未了で不成立に終わった。農商務省の官僚は、品川弥二郎の信用組合法案は都市の中小商工業者に適用するシュルツェ（ヘルマン・シュルツェ・デーリッチ）式の信用組合であり、農民を対象にするのであれば、むしろドイツの農村において発達をとげたライファイゼン（フリードリッヒ・ライファイゼン）式の信用組合であるべきであると批判した。協同組合に関する立法準備は、品川弥二郎の信用組合法案を批判した農商務省の官僚の手に移り、「（第1次）産業組合法案」が1897年（明治30年）2月18日第10帝国議会貴族院の審議にかけられた[2]。

「(第1次) 産業組合法」vs.「産業組合法」

「(第1次) 産業組合法案」は第14帝国議会衆議院における審議で1900年(明治33年) 2月17日修正可決され、衆議院修正議決(「産業組合法案」)は同月22日貴族院で可決成立したが、そのポイントは次のものである。

① 産業組合には所得税・営業税を課さないと修正された。修正議論の中で興味深いのは、第1に、産業組合が一般公衆に対しても営業を行うのであれば所得税を課さなければならないが、組合員の便宜の範囲内で事業を行うのであれば、所得税を課さなくてもよいというものである。第2に、政府は産業組合をさほど保護しないので、課税を免除するくらいの保護を与えても当然であるというものである。

② 修正法案の第1条は、産業組合(協同組合)の種類として、信用組合、販売組合、購買組合、生産組合の4つを挙げている。(第1次)産業組合法案における製産組合と使用組合は一括されて生産組合になった。

③ 修正法案の第1条の3項で、購買事業の中に「生計ニ必要ナル物」として、生産に必要な原料品の共同購入のほかに、消費にかかる購買事業が認められた。

なぜ信用組合法案は提案されたのか

品川弥二郎・内務大臣の信用組合法案提出の要旨説明は次のとおりである。「今日立法上又は行政上に於きまして自由交通の新経済社会に適当すべき組織を起しまして実体上の進歩と法律制度の進歩と並進む様にすることが誠に必要……(中略)地方経済を維持し又其改良進歩を計ることが最も今日の急務であらうと存じまする、(中略)全国の国民中十中の七八は小地主即ち小農又小商人又小さい職工……(中略)此要部なる中産以下の人民は次第に其生産力の衰へます傾きがございまして(中略)信用組合法案(中略)は即ち此中産以下の人民のために金融の便を開いて低利に資本を使用することを得せしめ兼て勤倹自助の精神を興し以て地方の実力を養成せんとする目的でございます、」

品川内務大臣の信用組合法案提出の要旨説明からは、次のことが分かる。

① 信用組合（協同組合）は行政機関の一つと位置付けられ、信用組合は組合員の自主的協同にもとづいて組織されたものではなく、官僚主導のもとで形成されたものである。
② 信用組合（協同組合）は地方経済の活性化策として組織されたものである。
③ 信用組合（協同組合）は弱い立場にある供給者（生産者）のために組織されたものである。
④ 信用組合（協同組合）は「勤倹自助の精神」を興すために組織されたものである。

なぜ産業組合法案は提案されたのか：榎本武揚・農商務大臣

榎本武揚・農商務大臣は、産業組合法案提出の要旨について「産業は国家経済の根源でありまするから、従て其盛衰は国運の消長に大関係があります（中略）目下我邦産業社会の有様を見渡しまするに或る一部の工業を除く外は大抵皆中等以下に位する人民の製産に係るものでありまして（中略）是等の中等以下の産業者は概ね皆資産に乏しく（中略）先づ第一に彼等の金融を円滑ならしめ更に進んで勤倹貯蓄の便利を与え又営業上の費用を節しまして其産物を成るべく画一整頓ならしむることを奨励致させませねばなりませぬ、（中略）勧業農工両銀行の如きも（中略）其利潤の及ぶ区域と申すものは恐らくは大資産家に止まりまして中等以下の産業者には普及致さぬ憾がありまする、（中略）中等以下の産業者間に信用組合を設けまするとともに、共同購買、共同販売、共同製造及び共同使用此四種の組合を設けまして（中略）相互に連絡を致して大に其各目の業を改良発達を得せしめんがために」と説明している。

榎本農商務大臣の産業組合法案提出の要旨説明および第14帝国議会衆議院における修正審議からは、次のことが分かる。

① 産業組合（協同組合）は産業政策の一環として組織されたものであるが、政府は産業組合をさほど保護しない[3]。
② 産業組合（協同組合）は弱い立場にある産業者（生産者）のために組織されたものである。

③ 産業組合（協同組合）は金融（資金調達と資金運用）の円滑化、営業費用の節約、生産物の画一化のために組織されたものである。
④ 産業組合（協同組合）は産業者（生産者）間で金融、共同購買、共同販売、共同製造および共同使用を行うために組織されたものである。
⑤ 産業組合（協同組合）は組合員の便宜の範囲内で事業を行うものである。
⑥ 購買組合（協同組合）は産業者（生産者）のみならず、消費者のための共同購買も行うために組織されたものである[4]。

2 協同組合はどのように分類されているのか

ICA（国際協同組合同盟）の協同組合の分類

ICA は、「ICA のメンバーは、農業、銀行業、漁業、保健、住宅、産業、保険、旅行、消費者の協同組合を含むあらゆる活動セクターにおける国内および国際レベルの協同組合である。現在（2012年1月13日現在—引用者注）、ICA は96カ国からの265の協同組合全国組織からなり、世界全体の約10億人の組合員を代表している。」（http://www.ica.coop/ica/index.html）と述べている。1995年 ICA 声明には「それぞれの創設者の伝統を受け継ぎ」との記述はあるが、農業、銀行業、漁業、保健、住宅、産業、保険、旅行、消費者などの協同組合の整理分類については何らの言及はない。

IYC 全国実行委員会の協同組合の分類

IYC 全国実行委員会幹事団体には、全国農業協同組合中央会（JA 全中）、全国農業協同組合連合会（JA 全農）、全国共済農業協同組合連合会（JA 共済連）、農林中央金庫、社団法人家の光協会、株式会社日本農業新聞、日本生活協同組合連合会（日本生協連）、全国漁業協同組合連合会（JF 全漁連）、全国森林組合連合会（JForest 全森連）、全国労働者共済生活協同組合連合会（全労済）、日本労働者協同組合連合会（日本労協連）、全国大学生活協同組合連合会（全国大学生協連）、社団法人全国労働金庫協会（以上の13団体のみが ICA

に加盟している)、全国中小企業団体中央会(全国中央会)、生活クラブ事業連合生活協同組合連合会、日本コープ共済生活協同組合連合会、全国厚生農業協同組合連合会(JA全厚連)、株式会社農協観光、日本医療福祉生活協同組合連合会、社団法人全国信用金庫協会(全信協)、社団法人全国信用組合中央協会(全信中協)の21団体が挙げられている。同全国実行委員会はこれらの協同組合全国組織を構成する各協同組合を「一次産業に携わる協同組合」「安全・安心な消費生活へ貢献する協同組合」「地域振興、暮らしの改善につながる金融の協同組合」「地域に密着した医療・福祉の協同組合」「助け合いの精神を形にした共済の協同組合」「自ら就労機会を創出する協同組合」の6種類に分類している[5]。

賀川豊彦の7種類の協同組合

賀川豊彦は、協同組合として「保険協同組合(生命保険・国民健康保険)」「生産者協同組合(農業生産者協同組合、絹生産者協同組合、漁業協同組合など)」「販売協同組合(商業協同組合)」「信用協同組合」「共済協同組合」「利用協同組合」「消費者協同組合」の7種類を取り上げ、Kagawa[1937]は、それら7種類の協同組合が協同組合連盟において調整されるのであれば、「産業の諸問題、そして一国の国内産業問題のすべて——特に、所有、相続、契約の3つの大問題——が検討されることになるであろう。」(訳書 p.130)と述べている。

本書の協同組合の分類

表3-1は、IYC全国実行委員会による主要協同組合の現状を示すものであるが、事業協同組合が「一次産業に携わる協同組合」「安全・安心な消費生活へ貢献する協同組合」「地域振興、暮らしの改善につながる金融の協同組合」「地域に密着した医療・福祉の協同組合」「助け合いの精神を形にした共済の協同組合」「自ら就労機会を創出する協同組合」の6種類のいずれに属するのかは明らかではない。

表3-1　主な協同組合の組合数・組合員数および職員数（2009年3月末）

	組合数	組合員数(千人)	職員数(千人)
農業協同組合(JA)	770	9,494	224
漁業協同組合(JF)	1,092	362	13
森林組合(JForest)	711	1,575	7
生活協同組合	612	25,320	53
全労済	58	13,900	4
労働者協同組合	66	47	11
大学生協	228	1,509	2
労働金庫	13	10,058	11
事業協同組合	32,384	2,305	156
医療福祉生協	117	2,680	30
信用金庫	279	9,311	111
信用組合	162	3,698	22
計	36,492	80,259	644

※一部推定　※組合員数は重複あり
出所：2012国際協同組合年（IYC）全国実行委員会

　協同組合についての諸文献を読む限り、協同組合の整理分類は明らかでないので、本書では、以下のように、協同組合の分類を行う。すなわち、協同組合は経済事業体であるので、経済の観点からまず、経済主体を「生活者」「事業者（中小企業者等）」に分け、生活者には労働者と消費者の二面があることから、労働生活者をサポートする「労働者協同組合」と、消費生活者をサポートする「生活協同組合」とに分類する。次に、事業者（中小企業者等）には金融事業者と非金融事業者の2種類、さらには非金融事業者にはモノ生産事業者とサービス生産事業者の2種類があることから、金融事業者をサポートする金融（信用）協同組合、モノ生産事業者をサポートするモノ協同組合（事業協同組合など）、サービス生産事業者をサポートするサービス協同組合（医療福祉生協など）に分類する。

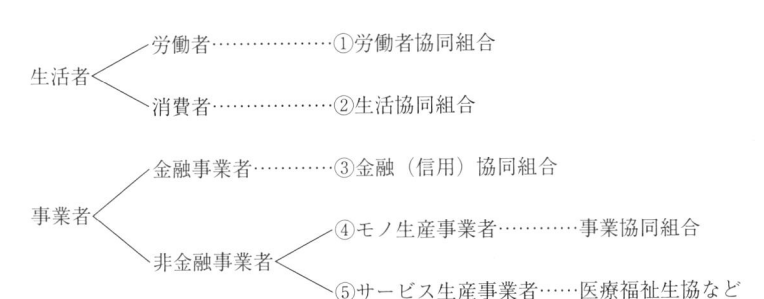

図 3-1　協同組合の整理分類

```
          ┌─労働者……………①労働者協同組合
   生活者─┤
          └─消費者……………②生活協同組合

          ┌─金融事業者…………③金融（信用）協同組合
   事業者─┤         ┌─④モノ生産事業者…………事業協同組合
          └─非金融事業者┤
                    └─⑤サービス生産事業者……医療福祉生協など
```

日本の法律による協同組合の分類：根拠法による分類

　1897年（明治30年）2月の「（第1次）産業組合法案」の第1条は、産業組合（協同組合）の種類として、信用組合、購買組合、販売組合、製産組合、使用組合の5つを挙げていたが、1900年（明治33年）2月成立の「産業組合法」の第1条では、製産組合と使用組合は一括されて生産組合になり、産業組合（協同組合）は信用組合、販売組合、購買組合、生産組合の4つに分類された[6]。

　日本の現在の協同組合に関しては「事業内容ごとに特別法が制定されている」と一般には言われ、協同組合に関する個別法を、本書の分類法で整理すると、以下のようになる。カギ括弧内は法律名、丸括弧内は協同組合名である[7]。

(1)　労働者協同組合

(2)　生活協同組合
　・「消費生活協同組合法」（消費生活協同組合、消費生活協同組合連合会）

(3)　金融（信用）協同組合
　・「農林中央金庫法」（農業組合法人、農林中央金庫）
　・「商工組合中央金庫法」（商工組合中央金庫）
　・「信用金庫法」（信用金庫、信用金庫連合会）
　・「船主相互保険組合法」（船主相互保険組合）
　・「労働金庫法」（労働金庫、労働金庫連合会）

(4)　モノ生産事業者
　・「農業協同組合法」（農業協同組合、農業協同組合連合会）

・「水産業協同組合法」（漁業協同組合、漁業生産組合、漁業協同組合連合会、水産加工業協同組合、水産加工業協同組合連合会、共済水産業協同組合連合会）

・「森林組合法」（森林組合、生産森林組合、森林組合連合会）

・「たばこ耕作組合法」（たばこ耕作組合）

・「中小企業等協同組合法」（中小企業等協同組合：事業協同組合、事業協同組合連合会、事業協同小組合、火災共済協同組合、火災共済協同組合連合会、信用協同組合（信用組合）、信用協同組合連合会）

(5)　サービス生産事業者

・「生活衛生関係営業の運営の適正化及び振興に関する法律」（生活衛生同業組合、生活衛生同業小組合、生活衛生同業組合連合会）

・「中小企業団体の組織に関する法律」（商工組合、商工組合連合会）

・「商店街振興組合法」（商店街振興組合、商店街振興組合連合会）

・「内航海運組合法」（内航海運組合、内航海運組合連合会）

・「輸出入取引法」（輸出組合、輸入組合）

・「輸出水産業の振興に関する法律」（輸出水産業組合)[8]

以上の整理分類から、次のことを指摘したい。

① 　上記の諸協同組合は法人税法では「協同組合等」と一括されているが、協同組合等についての「協同組合基本法」のような一般法はない。協同組合に関する個別法はまったく整理分類されず、したがって協同組合の整理分類が行われていない。

② 　「事業内容ごとに特別法が制定されている」と一般には言われているが、同一の特別法を根拠法とする協同組合は同一の事業内容を行っているわけではない。例えば、「中小企業等協同組合法」を根拠法とする事業協同組合、事業協同組合連合会、事業協同小組合、火災共済協同組合、火災共済協同組合連合会、信用協同組合（信用組合）、信用協同組合連合会、企業組合は同一の事業内容を行っているわけではない。逆に、同じ預金・貸出・為替の業を行っているにもかかわらず、信用金庫は「信用金庫法」に従い、信用協同

組合（信用組合）は「中小企業等協同組合法」に従っている。
③ 労働者協同組合（ワーカーズ・コレクティブ）は存在するが、労働者協同組合についての根拠法はない。現在、衆議院法制局より提示された「協同労働の協同組合法案（仮称）」が検討されているところである。

3　協同組合の多様性：5種類の協同組合

協同組合の多様性

1995年 ICA 声明は「各協同組合の創設者の伝統において、協同組合の組合員は正直、公開、社会的責任、他人への配慮といった4つの倫理的価値を信じている。」と述べ、文中の「各協同組合の創設者の伝統において」は、多様な経済社会で、さまざまな形態をとり、発展してきたあらゆる種類の協同組合が、唯一の源から発生したわけではないことを示している。

協同組合の5つの伝統

協同組合は、19世紀に、英国の実業家・社会改革家であるロバート・オウエン（Robert Owen：1771-1858）が、低所得の労働者階層の生活安定を考えて、工場内に購買部などを設けた「理想工場」をグラスゴー（スコットランド最大の都市）のニュー・ラナークに設立したことにさかのぼるが、現在の問題意識（国の形と協同組合）から、協同組合を回顧すると、協同組合の伝統は次の5つに整理され、1995年 ICA 声明はこれら5種類の協同組合を対等なものとみなしている。

(1) 労働者協同組合

1840年代に、フランスの労働者が労働者生産協同組合を組織するのに成功した。彼らは、産業革命に典型的なヒエラルキー的な経営組織を、労働者のイニシアティブと責任に置き換えようとした。労働者協同組合は、労働者組合員の生活の質の向上、人間の労働の尊厳、労働者による民主的な自治、共同体と地域の発展の促進を目的としている協同組合である。労働者協同組合は、そこで

働く労働者自身が共同出資して共同経営する協同組合であり、「ワーカーズ・コレクティブ」「ワーカーズ・コープ」「協同労働の協同組合」と呼ばれ、地域社会活性化の担い手として期待されている。

(2) 生活協同組合（消費生活協同組合）

生活協同組合は、一般市民が生活レベルの向上を目的に、各種事業を行うために結成した協同組合である。世界で最初の近代的な生活協同組合は、1844年12月21日、英国ランカシャー（マンチェスターの郊外）のロッチデールにおいて、一方で減給、他方で日々の食料・衣類等の生活必需品の品質の悪化や取引における公正さの欠如などに苦しんでいた労働者たちが、「組合員の社会的・知的向上」「一人一票による民主的な運営」「取引高に応じた剰余金の分配」などを掲げて作った「ロッチデール先駆者協同組合（Rochdale Pioneers Co-operative）またはロッチデール公正先駆者組合（The Rochdale Society of Equitable Pioneers）」である[9]。

(3) 金融（信用）協同組合

1840-50年代に、ドイツで、さまざまなグループが金融（信用）協同組合を始めた。すなわち、ヘルマン・シュルツェ・デーリッチは職人と小規模商人のための、フリードリッヒ・ライファイゼンは農民のための、それぞれの金融（信用）協同組合を組織した。

(4) モノ生産事業者

農業協同組合は一方で顧客に高品質の農産物を大量に供給し、他方で農民にサービスする。1880年代に、デンマーク、ドイツ、イギリスにおいて、農民は農業生産協同組合を組織し始めた。農業協同組合は農民に、漁業協同組合は漁民にそれぞれ奉仕するものである。

(5) サービス生産事業者

協同組合住宅は、心の通ったコミュニティにおける住宅である。19世紀末には、保険・住宅・保育などの各種サービス協同組合が組織された。住宅協同組合は、一定数の組合員にのみ住宅の供給を行うものである。医療協同組合は、費用を公正に配分し、組合員が自分たち自身の健康に大きな責任をもっている。

4　協同組合会計の4つの特異点

日本の協同組合会計の4つの特異点

以下では、「法人税法」の「協同組合等の表（第二条別表第三）」に掲記されている協同組合の会計実務の4つの特異点を概説する。

① 事業別区分損益計算：組合員は各事業を利用した分量に応じて費用負担

1995年ICA声明によれば、協同組合は組合員の経済的、社会的、文化的なニーズと願いを満たすことが目的であり、事業を遂行するための費用は、その事業から利益を受ける組合員によって事業を利用した分量に応じて負担されなければならない（応益負担の原則）。複数の事業を行う協同組合は「事業別区分損益計算」を行い、それぞれの事業の損益を明らかにしなければならない。神戸大学生活協同組合はショップ事業とフードサービス事業の2つの事業を行っており、「事業総剰余金＝ショップ事業部事業総剰余金＋フードサービス事業部事業総剰余金」である。すなわち、神戸大学生協はショップ事業とフードサービス事業の2つの事業を行い、2つの事業からそれぞれの利益を受ける組合員が事業を利用した分量に応じて費用負担しなければならない。例えば、ショップ事業部が黒字、フードサービス事業部が赤字のとき、協同組合はショップ事業部の組合員価格引下げ、フードサービス事業部の組合員価格引上げをそれぞれ行うことはあっても、ショップ事業部の黒字でフードサービス事業部の赤字を常時補填することがあってはならない。協同組合は、組合員に対して、費用負担の合理性の承認を求めなければならない。

② 出資配当 vs. 利用分量配当：利用分量配当は損金算入

「消費生活協同組合法」の第2条の第5項は「組合の剰余金を割り戻すときは、主として事業分量により、これを行うこと。」、第6項は「組合の剰余金を出資額に応じて割り戻す場合には、その限度が定められていること。」と規定している。協同組合に相当額の事業利益が計上された場合には、組合員の購買額に対する割り戻しに当たる「利用分量配当」が行われることがある。利用分

量配当は、協同組合と組合員との取引高（利用分量）に比例した配当であり、決算処理に当たっては、配当であるので出資配当と同様に剰余金処分案に計上されることになるが、利用分量配当は税務上は申告調整によって配当対象年度に損金算入される。

③ 仮受賦課金：協同組合の教育事業は非課税

　協同組合の教育・訓練・広報は組合員が等しく受益するものであるので、教育・訓練・広報の遂行費用は組合員全員に賦課される賦課金収入をもってまかなわれる。ある年度において予定していた教育・訓練・広報がその年度内に行えず、それらに対する予算額に余剰が生じた場合、それらを翌年度に繰り越して実施することが確実であれば、その予算額を「仮受賦課金」として翌年度に繰り越す処理を行っても、この会計処理は税務上において容認され、適正に処理された「仮受賦課金」は課税されない。

④ 組合員持分：脱退組合員・新規加入組合員 vs. 在籍組合員

　組合員が協同組合に対して有する経済的な権利は「組合員持分」と呼ばれ、各協同組合の根拠法では、組合員持分は組合員の拠出した出資金にとどまらず、協同組合の正味資産全体に及ぶものとされている。原則として、脱退組合員に対しては組合員持分の全額を払い戻し、新規加入組合員からは、出資金のほかに、正味資産のうち出資金を上回る部分に相当する加入金を徴収し、脱退組合員と在籍組合員、あるいは新規加入組合員と在籍組合員のあいだの組合員持分を調整しなければならない。すなわち、組合員持分の計算に関して、正味資産をいかに評価するのか、脱退組合員の持分をいかに計算し、どのように払い戻せばよいのか、新規加入組合員の加入金をいかに決定し、どのように受け入れ処理をするのか等は各協同組合の定款に規定されている。協同組合会計は、脱退組合員と在籍組合員、あるいは新規加入組合員と在籍組合員、それぞれの間に損得を生じさせないようにしなければならない。

協同組合の法人税

　日本の法人税法第2条は、法人税の納税義務者として「内国法人」「外国法

人」「公共法人」「公益法人等」「協同組合等」「人格のない社団等」「普通法人」などを挙げている。「協同組合等」は法人税率の軽課や損金算入枠の拡大などが適用されている[10]。

注

1) 品川内務大臣は「信用組合の制度に異ならぬもの」として、頼母子講、報徳社を挙げている。
2) ただし、「(第1次) 産業組合法案」と「産業組合法案」はともに1889年のドイツの「産業及び経済組合法」を母法としている。
3) 日本勧業銀行・農工銀行といった特殊銀行には政府の特別の保護が与えられた。
4) 信用組合法案と産業組合法案はともに、協同組合(信用組合・産業組合)の区域を1市町村以上にわたることを不可としている。区域を1市町村以上にわたることを不可とする理由として、政府委員は「互いの対人の信用、相互の信用が能く密着して居る所の人の利便を計るというのが目的で(中略)なるべく一市町村以上に亘らせぬ方針」と説明している。
5) 日本生活協同組合連合会医療部会は、日本医療福祉生活協同組合連合会(医療福祉生協連)として、2010年10月1日より事業を開始した。
6) 信用組合と他組合との兼営は、明治30年の「(第1次) 産業組合法案」においては可であったが、明治33年の「産業組合法案」においては不可となった。
7) 「法人税法」の「協同組合等の表(第二条別表第三)」には、協同組合の名称と根拠法が一覧表の形で出ていて、37種類の協同組合が掲記されている。「法人税法」では協同組合等と一括されているが、協同組合等についての、例えば「協同組合基本法」のような一般法はない。
8) 出資商工組合、出資商工組合連合会は協同組合であるが、非出資商工組合、非出資商工組合連合会は公益法人である。
9) スコットランドのアバディーンに1491年に設立された The Shore Porters Society が世界で最初の協同組合であると言われている。
10) 「企業組合」は中小企業等協同組合法を根拠法とする協同組合等であるが、営業の形態が組合員との取引を基礎としていないので、法人税法では普通法人として取り扱われている。

第4章　賀川豊彦の消費生活協同組合論

1　なぜ消費生活協同組合を作るのか

自我の確立による社会改造：賀川豊彦の自由組合主義

賀川豊彦は日本の消費生活協同組合の父（日本の協同組合運動の先駆者）と言われていて、賀川豊彦全集刊行会編『賀川豊彦全集11』（キリスト新聞社）は協同組合関係の著述をまとめている。賀川豊彦「自由組合論」は、「無理をして造つた社会はすぐに潰れる。それが真実の社会であるためには必ず自由なる成長によつて出来上つた社会で無くてはならぬ。」（p.4）「我等の自由は互助によつて醗酵する。」（p.3）「人間は本能的に社会性を帯びて居る。それで本能的に自由組合を作る機能を持つて居る。」（p.4）「自由組合主義は内側から湧いてくる目醒めたる自我の確立によつて社会を改造せんとするものである。」（p.11）と述べている。

なぜ消費生活協同組合を作るのか：賀川豊彦の「消費組合の趣旨」

賀川豊彦「家庭と消費組合」は、「凡て儲けを離れて商売が出来るやうになれば、世の中に不公平など云ふことは無くなつてしまふ。誰にも騙されない代りに誰をも騙す必要がない。一つの品物を買ふにしてもねぎる必要もなければ疑ふ必要もない。儲けられてゐるのぢやあるまいか、損してゐるのぢやあるまいか、など考へるのは全く今日の間違つた損得中心の商売をするからである。若しも世界の人が皆相談し合つて、万人が万人幸福になるやうに、一致して損得関係を離れた商売をする様になれば、その時こそ人を疑ふ必要も無ければ、

損をする必要も無くなつてしまふのである。即ち、人に頼まないで自分が商売をなし、人を疑ふ必要がないやうに、損得関係を離れて商売をしようと云ふのが消費組合である。然し、自分一人が何でも彼でも切廻して行くことは出来ないから、自分の様な考へを持つている者を千人なり二千人なり集めて、その組合で種々な必要な物を一緒に買入れたり、また必要品を一緒に製造しようと云ふのが、消費組合の趣旨である。」(p.53) と述べている。一般には「生産者→卸売業者→小売業者→消費者」であるが、賀川豊彦は「生産者＝消費者」、すなわち消費者が生産者になることほど信用のできることはない、あるいは、「生産者→卸売業者→小売業者＝消費者」、すなわち消費者が小売業者になることほど確かな商売はないと論じている。

　賀川豊彦の認識は、商売には、売手・買手の間の連絡のないことに付け込んで一儲けしようとする"ごまかし根性"が働いているというものである。「生産者＝消費者」あるいは「生産者→卸売業者→小売業者＝消費者」になるといった消費生活協同組合論は「売手＝買手」になることであり、賀川豊彦は「ではどうして買手と売手の連絡をとるかと云へば、買手を全部一纏めにして一つの組合を作り、その組合が売手となつて、買手の方に売渡して行けば、買手が売手に早変り出来るから、其処で完全に買手と売手の連絡がつくのである。」(p.55) と述べている。

　賀川豊彦の立論は消費者の利益を守るためのものであるが、「消費者が生産者になる」「消費者が小売業者になる」ことは、社会全体の問題として、消費者が生産者・小売業者を変えることになるであろう。

株式会社 vs. 消費生活協同組合：賀川豊彦「家庭と消費組合」

　賀川豊彦「家庭と消費組合」は、「皆が組合員であるから、自由に組合の方針に就いて問題を提議することも出来るし、営業に就いて不審なことは取締りをすることも出来る。元来が営利本位の株式会社など、違ふから、資本家に威張られる心配など少しも無い。千人の組合員があれば、皆が主人公で皆が買手である。斯う云つた組合を作ることに依つて、今日の不合理な小売制度を全く

無くして仕舞ふことが出来る。」(p.53)と述べ、協同組合民主主義を論じている。

民間小売店の投げ売り価格 vs. 消費生活協同組合の正価

　大学生活協同組合は、大学キャンパス内外の民間業者と競合している。神戸大学のキャンパスにはコンビニ（セブンイレブン）が入り、大学生協はコンビニ（セブンイレブン）と競合関係にあり、組合員からしばしば「大学生協はコンビニとどこが違うのか」と聞かれる。コンビニの利益は外部の株主に配分され、大学生協の剰余金（利益）は組合員に配分されると答えているが、賀川豊彦はいわば「大学生協 vs. コンビニ」について、社会全体の観点から、次のように答えている。

　すなわち、民間小売店（コンビニ、スーパーマーケットなど）はしばしば大割引セールを行うので、消費生活協同組合の正価（正常価格）は民間小売店の投げ売り価格（大割引セール価格）より高いこともあるであろう。買手の立場からは、小売店が損をして投げ売りをしているのは大歓迎かもしれないが、賀川豊彦「家庭と消費組合」は「然し、よく考へてみれば、投売する様なことのある世界は一体幸福であらうか。損をして売ることは大きな浪費であつて、社会全体から云ふならば、さうした事のある所はきつと何処かに穴が開いてゐて、大きな損害を社会全体に与へてゐる」(p.53)と述べている。消費者がいつも投げ売りの品物を買おうと思えば、小売業者間の競争が激しくなる。古典派経済学は、競争は無駄のない社会（効率性の高い社会）を生むとして、激しい競争を奨励しているが、賀川豊彦は「競争が激しくなるから無茶苦茶な社会が生れるので、無茶苦茶な競争が無いやうに、従つて無駄遣ひのない社会を作つて行けば、社会は安定し、従つて生活不安といふものは無くなつてしまふ筈である。」(pp.53-54)と述べている。

2　消費生活協同組合を作ることの7つの利益

消費生活協同組合を作ることの7つの利益：賀川豊彦「家庭と消費組合」

　賀川豊彦「家庭と消費組合」は、消費生活協同組合を作り、「売手＝買手」にすることの7つの利益を挙げている（p.55）。
① 「生産に浪費が無い。」
　一般には小売業者が消費者の需要を予測して、卸売業者、したがって生産者に発注する。あくまでも需要予測に基づく発注であるので、過少生産・過剰生産になることがある。「売手＝買手」であれば、過少生産・過剰生産になることはない。
② 「他所で買はないから競争が無い、競争が無いから乱費を省いて安く売れる。」
　これはすべての小売業者を一まとめにするから競争がなくなるという論理であり、過当競争が乱費を生むというのは真実であろう。
③ 「卸も小売もする必要がないから手間が省けてそれだけ安く売れる。」
　「売手＝買手」にすることは流通費用を節減することになる。
④ 「作つた物は皆売れるから損をする心配が少しも無い、損をする必要が無いから、金融から云つても非常に楽である、僅かの金で大きな商売が出来る。」
　「売手＝買手」であれば、過剰生産・過剰在庫になることはない。
⑤ 「社会に安定が出来るから恐慌が無い、恐慌が無いから価格が安定して来る。」
　「売手＝買手」であれば、過少生産・過剰生産になることはなく、価格が安定する。
⑥ 「需要供給が決るから製造する者にも失業がなくなる。」
　「売手＝買手」であれば、過剰生産になることはなく、恐慌は発生せず、失業は生じない。

⑦ 「損得関係が無くなるから、富の分配の不公平などの問題は喧しく云ふ必要は無くなる。」

「売手＝買手」であれば、卸売業者・小売業者あるいは小売業者が介在することはないので、流通業者による暴利したがって富の不公平分配は起こらない。

3　消費生活協同組合を作るための消費者の覚悟

消費生協を作るための消費者の5つの覚悟：賀川豊彦「家庭と消費組合」

賀川豊彦「家庭と消費組合」は、「売手＝買手」つまり、買手が売手になり、売手がまた買手になる消費生活協同組合を作るには、消費者が次の5つの覚悟をもてばよいと論じている（p.57）。

① 「眼の先の儲けを捨てること」

消費生活協同組合の正価（正常価格）は、民間小売店の投げ売り価格より高いこともあるだろう。しかし、消費者は目前の低価格を追い求めてはいけない。品物をいま安く買うということを考える前に、永久に安くなる根本策を考えることが重要である。普通の民間商売人のやり方は、誰でも知っているような品物だけをきわめて安く売り、他の品物で儲けようとするものである。

② 「利己中心を離れること」

利己中心の考えを捨てて、他人もよい、自分もよいという、社会連帯意識をもたなければならない。

③ 「組織を尊ぶこと」

はじめのうちは少し不便を感じ、あるいはあまり安くないと感じることがあっても、消費生活協同組合に加入することが、それ自身社会を改造して行く唯一の途であることを信じなければならない。

④ 「その組織以外では他の処で絶対に買はぬこと」

消費生活協同組合に加入していても、他のところで買えば、民間小売店をもう1つ増やしただけで何の意味ももたない。

⑤ 「人委せにしないこと」

消費生活協同組合を作る目的は、社会不安を取り除くことであり、格差をなくすことである。一人ひとりが、国民平等の世界を造るのは、消費生活協同組合であることを、他人のことのように思わないで、自覚することが重要である。自らが尽くさねばならない使命であると思って、消費生活協同組合に参加しなければならない。

4　消費生活協同組合の5つの運営原則

消費生活協同組合の5つの運営原則：賀川豊彦「家庭と消費組合」

賀川豊彦「家庭と消費組合」は、消費生活協同組合の運営原則として、次の5つを挙げている[1]。

① 資本金本位ではなく、人間本位に利益を分配する

賀川豊彦は「消費組合は、利益があつた場合に、株を持つてゐる人に分配して仕舞ふならば株式会社と少しも変らない。然し消費組合の目的は社会の為めに尽さうといふのであるから、資本金本位に利益金を分けるのでなく、人間本位に利益を分け様といふのである。」（pp.61-62）と述べている。「人間本位に利益を分配する」というのは、人一人が持ち得る出資の口数を制限して、多くの出資口数をもっている者にも、少しの出資口数をもっている者にも、平等の特権を与え、出資口数によらず、人間の数（人間本位）で利益を分配するというものである。こうなれば、金がものを言うのではなく、人間がものを言うようになる。

② 消費額に対して利益を配分する

賀川豊彦は「今日迄の消費組合の欠点は、組合員の間に少しでも利益があるといふことを云はなければ、組合員が加盟しないことにある。即ち、消費組合を作る場合に、安いといふことを基礎にして、組合加入をすゝめるのである。その結果は資本主義と相対立して少しでも不利な場合があると組合員は全く自覚してゐない為めに、組合を脱退する。（中略）飽迄社会をよくし様といふ大理想の下に、一大団結を作らねばならないと思ふ。さうなつた方が結局は生活

に安定が出来るのであつて、失業もなければ、恐慌もない、いゝ社会が作られるのである。だから、実際から云へば、組合に利益があつた所で、個人に払ひ戻す必要は少しもないので、むしろその利益金を資金の方へ廻し、ドンドン組合を発展させて、今日の悪い社会組織を改造する資金に使つて行けばよいのである。(中略)然し困つたことには、世間の人のうちにはまだ解らない人が多いから少しでも利益の配当がないと組合に対して興味を持たぬものがある。それで、止むなく考へ出したのが消費額に対する利益配分の方法である。」(p.62)と述べている。消費額に対する利益配分の方法は「ロッチデール式」と呼ばれていて、消費協同組合を出来るだけ多く利用させるという目的から、消費協同組合を多く利用した者に利益を多く与えるものである。

③　消費組合の従業員は使用人ではなく、同志である

　賀川豊彦は「組合を作る場合に、従業員を決して使用人だと考へないで、同志と考へ、買ひ手は進んで組合に仕へる気持ちで努力しなければならない。(中略)若しも英国のロッチデールで28人の職工が今から84年前、消費組合を作つたときの様に、自分等のうちの仲間のものが交替に、買ひ出しに行つて、仲間で店の番をする様な精神がいつ迄もつゞけばその組合こそ理想的の組合であると云ふて差支へない。」(p.62)と述べている。

④　消費組合の組合員の自覚

　賀川豊彦は「勿論かうした小さい組合は大きな資本主義と戦ふ力はまだ十分持つてゐないから従業員もだんだん専門家を使ひ、全国的に大きくまとまらなければならないけれども、その地方々々に於いて、消費組合の組合員は、その組合が自分のものであることをよく自覚しなければならない。」(p.62)と述べている。

⑤　消費組合の組合員外への販売は望ましい

　日本の消費組合は「産業組合法」(1900年(明治33年)公布)を基礎にして作られたものであるが、賀川豊彦は「産業組合法」は「全く天下り的の法令であつた」(p.64)と批判し、「その上に日本の消費組合は地域の限定が八釜しいのと、組合に加入してゐるものゝ他には売つてはならないといふ法律上の原

則がある為めに、折角大きな店を張つても、組合に加入してゐる会員の他は、全く売れないといふことになつてゐる。その結果は、一つの商店としても、随分不利益な場合が多い。英国等では誰にでも売つてもいゝ様になつてゐるが、その代り組合員にならなければ、買つたものに対して、利益の配分を受けないから、組合に参加しないものは結局損になる。それで皆続々参加することになる。日本等でも若しも消費組合を盛にし様と思へば自由に誰にでも売る様にしなければならないと思ふ。」(p.64) と述べている。賀川豊彦は組合員外への販売をする部分を「消費組合協会」と呼び、税金を払うことにしたと論じている[2]。

5　消費生活協同組合の3つの経営鉄則

消費生活協同組合の3つの経営鉄則：賀川豊彦「家庭と消費組合」

賀川豊彦「家庭と消費組合」は、消費生活協同組合の経営鉄則として、次の3つを挙げている (pp.65-66)。

① 「現金売りを厳重に守ること」

掛け売りではなく、現金売りにすると、運転資金が非常に楽になる。消費生活協同組合が小さければ小さいほど、現金売りにしなければならない。

② 「値段を法外に市価より安く売ってはならない」

消費生活協同組合の根本精神は社会改造であり、組合員の利己心に訴えて、投げ売り相場（大割引セール価格）で売ってはいけない。消費生活協同組合の組合員は市価より安く買うことを本来の目的にしてはならない。市価より1割も安ければそれでよいことにしなければならない。多少なりとも利益があれば、それを積み立てて、社会不安を取り除く消費生活協同組合本来の目的のために使う覚悟を持たなければならない。無用なる浪費を省くことによって実質的に、そして一般的に価格が下がることを目的としなければならない。

③ 「配給人の手数を省く」

組合員は配給人の手数を省くために、できるだけ自ら消費組合の売店に出て

行って購入しなければならない。

注
1) 賀川豊彦の協同組合原則は「利益共楽」「人格経済」「資本協力」「非搾取」「権力分散」「超政党」「教育中心」の7つである。
2) フォーケ［1935］は、①非組合員との取引によって生じた剰余金は組合員に分配してはならない、②非組合員が組合員と同じ立場で剰余金の分配に与するか、さもなければ非組合員からの事業で得たその剰余部分は、不分割共同財産にあてられるかである、③非組合員を組合員にするために宣伝・教育を通じて組織的な努力がなされるべきである、と論じている。

第5章　生協制度の見直しと消費生活協同組合法の改正

1　消費生活協同組合法：2011年5月最終改正（未施行法令）

協同組合の原則、法律・定款、実態

　私は、「国の形のあり方」から協同組合精神（自立・互助）にのめり込んでいるが、経済学者としての知的関心からは、協同組合の原則、法律・定款、実態の齟齬は興味深い問題である。1995年 ICA 声明はあらゆる形態の協同組合、すべての国・地域に関するものであるので、日本の、生活協同組合を規定している「消費生活協同組合法」と齟齬があっても不思議ではないが、生活協同組合の実際の事業・運動は、一方で1995年 ICA 声明といった協同組合原則を守り、他方で消費生活協同組合法を遵守しようとするので、いくつかの矛盾が顕現化してくる。

　法律・定款は一見無味乾燥のように思えるが、本書全体では Q & A（問題と解答）の形で、本章では Q（問題設定）のみの形で、消費生活協同組合法のどこが1995年 ICA 声明と整合性をとれないのか、生活協同組合の実際の事業・運動と合わないのかを指摘する。私は、1995年 ICA 声明、消費生活協同組合法、各生協の定款の3つを理解してはじめて、生活協同組合の実際の事業・運動の意味を正しくとらえることができると思っている。

消費生活協同組合法の目的と構成

　「消費生活協同組合法」は1948年（昭和23年）7月30日に公布され、改正を重ねて、最終改正は2011年5月25日に公布されたものである（2年内に施行）。

同法第1条（目的）は「この法律は、国民の自発的な生活協同組織の発達を図り、もつて国民生活の安定と生活文化の向上を期することを目的とする。」と規定している。消費生活協同組合法は、組合員の経済的・社会的・文化的なニーズと願いを満たすための生活協同組織の設立・発展を促すための法律であり、それは国民生活の安定と生活文化の向上に役立つものである。同法第3条（名称）1は「消費生活協同組合又は消費生活協同組合連合会は、その名称中に消費生活協同組合若しくは生活協同組合又は消費生活協同組合連合会若しくは生活協同組合連合会という文字を用いなければならない。」と規定している。消費生活協同組合と生活協同組合は同じものであり、神戸大学生活協同組合はかつては神戸大学消費生活協同組合と呼ばれていたのであり、大学生協が「学消」と呼ばれていた時代もあったのである。

　以下では、協同組合のアイデンティティとその役割の視点から、消費生活協同組合法（最終改正）の主な条文を拾い出す。すなわち、同法は、全9章プラス附則からなっているが、「第4章管理」「第5章設立」「第6章解散及び清算」「第7章登記」「第8章監督」「第9章罰則」を除いて、「第1章総則」「第2章事業」「第3章組合員」のみを取り上げる。

消費生活協同組合法：第1章　総則（組合基準、法人格、区域）

第2条（組合基準）

「消費生活協同組合は、この法律に別段の定めのある場合のほか、次に掲げる要件を備えなければならない。

① 　一定の地域又は職域による人と人との結合であること。
② 　組合員の生活の文化的経済的改善向上を図ることのみを目的とすること。
③ 　組合員が任意に加入し、又は脱退することができること。
④ 　組合員の議決権及び選挙権は、出資口数にかかわらず、平等であること。
⑤ 　組合の剰余金を割り戻すときは、主として事業分量により、これを行うこと。
⑥ 　組合の剰余金を出資額に応じて割り戻す場合には、その限度が定められて

いること。」

　これらの要件はすべて消費生活協同組合（以下、生協と略称）のアイデンティティである。第1条（目的）では「国民」、第2条（組合基準）では「組合員」となり、第2条②は、生協の目的を「組合員の生活の文化的経済的改善向上を図ることのみ」と規定している。生協は、組合員のための内向き組織にすぎないのであろうか、国民全体の福祉を増大させることに貢献する組織であろうか。

第4条（法人格）

「消費生活協同組合及び消費生活協同組合連合会（以下「組合」と総称する。）は、法人とする。」

　民法上の組合（「任意組合」）や商法上の匿名組合、あるいは有限責任事業組合（LLP）などは法人格を有しないが、消費生活協同組合法に基づいて設立された消費生活協同組合は法人格を有する。つまり、生協は法律上人格を認められ、法律行為を有効に行うことができる。

第5条（区域）

第1項　「組合は、都道府県の区域を超えて、これを設立することができない。ただし、職域による消費生活協同組合であつてやむを得ない事情のあるもの及び消費生活協同組合連合会（以下『連合会』という。）は、この限りでない。」

　これは地域生協（「地域による消費生活協同組合」）に対する事業区域制限の規定であるが、第2項には事業区域制限の例外として「『組合員の生活に必要な物資を購入し、これに加工し若しくは加工しないで、又は生産して組合員に供給する事業』の実施のために必要がある場合」「その他厚生労働省令で定める場合」などを挙げ、「主たる事務所の所在地の都府県及び当該都府県に隣接する都府県」を区域とする協同組合設立を認めている。なぜ地域生協は、営業地域を制限されなければならないのであろうか。営業地域制限を緩和・撤廃すると、どのような問題が生じるのであろうか。

消費生活協同組合法：第2章　事業（最大奉仕の原則、事業の種類、事業の機会均等、事業の利用）

第9条（最大奉仕の原則）

「組合は、その行う事業によつて、その組合員及び会員（以下『組合員』と総称する。）に最大の奉仕をすることを目的とし、営利を目的としてその事業を行つてはならない。」

第2条（組合基準）は、消費生活協同組合は「組合員の生活の文化的経済的改善向上を図ることのみを目的とすること。」と規定している。これは生協が何を目的として事業・運動を行うべきかの規定である。一般には、株式会社は売上高の3％くらいの経常利益を、生協は供給高（売上高）の1％くらいの経常剰余（経常利益）をそれぞれめざすべきであると言われているが、生協が供給高の1％くらいの経常剰余を目指すことは「営利を目的としてその事業を行つてはならない。」に抵触しないのであろうか。生協は一般には「非営利法人」とされているが、営利・非営利はそもそも何を意味するのであろうか。

第10条（事業の種類）

第1項　消費生活協同組合の行うことのできる事業として、以下の8つが挙げられている。消費生活協同組合はこれら8つのみを行うことができ、それ以外を行うことができない。

① 「組合員の生活に必要な物資を購入し、これに加工し若しくは加工しないで、又は生産して組合員に供給する事業」
② 「組合員の生活に有用な協同施設を設置し、組合員に利用させる事業（第6号及び第7号の事業を除く。）」
③ 「組合員の生活の改善及び文化の向上を図る事業」
④ 「組合員の生活の共済を図る事業」
⑤ 「組合員及び組合従業員の組合事業に関する知識の向上を図る事業」
⑥ 「組合員に対する医療に関する事業」
⑦ 「高齢者、障害者等の福祉に関する事業であつて組合員に利用させるもの」
⑧ 「前各号の事業に附帯する事業」

協同組合の原則においては、事業と運動（活動）が区別されていると思われるが、なぜ第10条（事業の種類）は事業と運動を一括して「事業」と呼び、両者を区別しないのであろうか。事業と運動を区別すれば、上記8つのうちどれが事業で、どれが運動であろうか。

第3項　「共済事業（『組合員から共済掛金の支払を受け、共済事故の発生に関し、共済金を交付する事業であつて、共済金額その他の事項に照らして組合員の保護を確保する事業』―引用者注）を行う消費生活協同組合であつてその収受する共済掛金の総額が政令で定める基準を超えるもの若しくはその交付する共済金額が政令で定める基準を超えるもの又は共済事業を行う連合会は、第1項の規定にかかわらず、共済事業、受託共済事業（共済事業を行っている協同組合からの委託契約に基づき共済事業の一部を受託して行う事業―引用者注）及び同項第5号の事業並びにこれらに附帯する事業並びに前項の事業のほか、他の事業を行うことができない。ただし、厚生労働省令で定めるところにより、行政庁の承認を受けたときは、この限りでない。」

　共済事業は金融事業であり、第3項は、共済事業（金融事業）の規模が大きいものについての、金融事業と非金融事業との間の事業リスク遮断の規定である。一般の事業会社であれば、金融事業・非金融事業間の事業リスク遮断は当然のことであるが、生協は金融（保険）、非金融（非保険）のいかんにかかわりなく、事業全体が"共済（協同）"の性質を有しているので、金融事業・非金融事業間の事業リスク遮断は生協にどんなメリット、デメリットをもたらしているのであろうか。

第11条（事業の機会均等）

　「組合は、前条の事業を行うにあたつて、特別の理由がない限り、同種の事業を行う他の者と同等の便益を受けることを妨げられない。」

　これは協同組合と他の経済事業体とのイコールフッティングの規定である。「特別の理由」とは何なのか。なぜ生協には、同種の事業を行う他の者には課せられていない規制を課せられるのであろうか。

第12条（事業の利用）

第1項 「組合員は、その意に反して、組合の事業を利用することを強制されない。」

第3項 「組合は、組合員以外の者にその事業を利用させることができない。ただし、次に掲げる場合に該当する場合は、この限りでない。」

　これは員外利用原則禁止の規定であり、員外利用原則禁止の例外として、次の5つが挙げられている。

① 「組合がその組合員との間で自動車損害賠償保障法第5条に規定する自動車損害賠償責任共済（以下「責任共済」という。）の契約を締結している場合において、その組合員が組合を脱退した場合その他組合員以外の者との間で責任共済の契約を継続することにつき正当な理由がある場合として厚生労働省令で定める場合」

② 「震災、風水害その他の災害が発生し、又は発生するおそれがあるときその他の緊急時において、一時的に生活に必要な物品の供給が不足する地域で当該物品を供給する場合」

③ 「国又は地方公共団体の委託を受けて行う事業を利用させる場合」

④ 「特定の物品を供給する事業であつて、組合員以外の者にその事業を利用させることについて正当な理由があるものとして厚生労働省令で定める事業を利用させる場合」

⑤ 「組合が所有する体育施設その他の施設であつて、組合員の利用に支障のない範囲内で一般公衆の利用に供することが適当である施設として厚生労働省令で定める施設に該当するものを利用させる場合」

　「組合は、組合員以外の者にその事業を利用させることができない。」と規定しているが、実際には、組合員以外の者（非組合員）も生協を利用している。法律上の員外利用原則禁止の規定があるにもかかわらず、なぜ非組合員による利用が行われているのであろうか。逆にいえば、なぜ生協は、組合員以外の者にその事業を利用させてはいけないのであろうか。

第4項 「組合は、前項本文の規定にかかわらず、同項ただし書（員外利用原則禁止の例外―引用者注）に規定する場合のほか、組合員以外の者にその事業

（第10条第2項の事業を除き、同条第1項第1号から第5号までの事業にあつては、次の各号に掲げる場合に限る。）を利用させることができる。（後略）」

　これは員外利用を認める場合であっても、利用分量において非組合員が主、組合員が従になってはいけないという規定である。員外利用を認める場合、組合員利用と非組合員利用にどのような差異を設けるべきであろうか、あるいは設けることができるのであろうか。

消費生活協同組合法：第3章　組合員（組合員の資格、加入の自由、自由脱退、払戻請求権、出資、議決権及び選挙権）

第14条（組合員の資格）
第1項「消費生活協同組合の組合員たる資格を有する者は、次に掲げる者で定款で定めるものとする。ただし、法人は、組合員となることができない。
① 　地域による組合にあつては、一定の地域内に住所を有する者
② 　職域による組合にあつては、一定の職域内に勤務する者」
第2項「地域による消費生活協同組合にあつては、定款の定めるところにより、前項第1号に掲げる者のほか、その区域内に勤務地を有する者でその組合の施設を利用することを適当とするものを組合員とすることができる。」
第3項「職域による消費生活協同組合にあつては、定款の定めるところにより、第1項第2号に掲げる者のほか、次に掲げる者であつてその組合の施設を利用することを適当とするものを組合員とすることができる。
① 　その付近に住所を有する者
② 　当該職域内に勤務していた者」
第4項「職域による消費生活協同組合のうち、大学その他の厚生労働省令で定める学校を職域とするものにあつては、定款の定めるところにより、第1項第2号及び前項各号に掲げる者のほか、当該学校の学生を組合員とすることができる。」

　地域生協の「一定の地域内」、職域生協の「一定の職域内」とはそれぞれ具体的にはどの範囲内であろうか。大学生協についていえば、大学キャンパスで

は少数派の教職員が第1項の規定で、多数派の学生が第4項の規定で、組合員有資格者とみなされているが、第4項は「定款の定めるところにより、(中略)当該学校の学生を組合員とすることができる。」というものである。学生が組合員有資格者になるために、なぜわざわざ定款で定めなければならないのであろうか。

第15条（加入の自由）・第19条（自由脱退）・第21条（払戻請求権）

　第2条（組合基準）は「組合員が任意に加入し、又は脱退することができること。」と規定しているが、第15条第2項は「組合員たる資格を有する者が組合に加入しようとするときは、組合は、正当な理由がないのに、その加入を拒み、又はその加入につき現在の組合員が加入の際に付されたよりも困難な条件を付してはならない。」、第21条（払戻請求権）は「脱退した組合員は、定款の定めるところにより、その払込済出資額の全部又は一部の払戻しを請求することができる。」とそれぞれ規定している。協同組合会計では、組合員が協同組合に対して有する経済的な権利は「組合員持分」と呼ばれ、各協同組合の根拠法では、組合員持分は組合員の拠出した出資金にとどまらず、協同組合の正味資産全体に及ぶものとされ、原則として、脱退組合員に対しては組合員持分の全額を払い戻し、新規加入組合員からは、出資金のほかに、正味資産のうち出資金を上回る部分に相当する加入金を徴収し、脱退組合員と在籍組合員、あるいは新規加入組合員と在籍組合員のあいだの組合員持分を調整しなければならないとされている。「その払込済出資額の全部又は一部の払戻しを請求することができる。」の「全部」「一部」はどのような意味をもっているのであろうか。

第16条（出資）

第1項　「組合員は、出資1口以上を有しなければならない。」

第2項　「組合員の出資1口の金額は、組合員たる資格を有する者が通常負担できる程度とし、かつ均一でなければならない。」

　大学生協についていえば、出資は、組合員としての利用を行うために拠出されるものであり、脱退（卒業）時に全額返還される。神戸大学生活協同組合の出資金は20口20,000円であるが、20,000円は多いのであろうか、少ないのであ

ろうか[1]。

第17条(議決権及び選挙権)
第1項「組合員は、その出資口数の多少にかかわらず、各々1個の議決権及び選挙権を有する。ただし、連合会については、会員たる消費生活協同組合の組合員数に基づいて、定款で別段の定めをすることができる。」

これは協同組合民主主義の特徴の1つであるが、このような「一人一票」(人格平等)の組合民主主義は組織のガバナンスとして問題はないのであろうか[2]。

2　厚生労働省の「生協制度の見直しについて」: 2006年12月

「生協制度の見直しについて」の構成

2005年5月、日本生活協同組合連合会理事会(日本生協連理事会)は「生協法改正要求案」を確認し、全国の生協で生協法改正の議論を開始した。消費生活協同組合の管轄官庁である厚生労働省は、06年7月、「生協制度については経営・責任体制の強化や共済事業における契約者保護等の観点から見直す必要がある。」として「生協制度見直し検討会」を設置し、生協法の包括的・総合的な改正に向けた議論を開始した。生協制度見直し検討会(厚生労働省)の06年12月の「生協制度の見直しについて」の構成は以下のとおりである。構成目次を見るだけでも、日本の生活協同組合が直面している課題を知ることができるであろう。

Ⅰ　生協の現状と課題
　1　生協制度の概要等
　2　組織・運営や各事業の現状と課題
　　(1)組織・運営　(2)購買事業　(3)利用事業　(4)共済事業
　3　生協制度の見直し
Ⅱ　組織・運営規定
　1　基本的考え方
　2　措置の具体的内容

(1)組合員の意思が反映される運営の確保　(2)機関の権限の法定化・機関相互の関係の明確化　(3)外部監視機能等の強化　(4)行政庁の関与　(5)その他
Ⅲ　購買事業
　1　基本的な考え方
　2　措置の具体的内容
　(1)員外利用規制　(2)区域に関する規制（県域規制）
Ⅳ　利用事業
　1　基本的な考え方
　2　措置の具体的内容
　(1)医療・福祉事業に係る剰余金の割戻し等の制限　(2)医療・福祉事業の員外利用限度　(3)医療・福祉事業の法定化　(4)剰余金の使途たる事業の拡大
Ⅴ　共済事業
　1　基本的な考え方
　2　措置の具体的内容
　(1)共済事業に対する規制の基本的枠組み　(2)規制対象の範囲　(3)入口規制　(4)健全性（内部の体力充実）　(5)透明性（外部からの監視）　(6)契約締結時の契約者保護　(7)破綻時の契約者保護　(8)契約者ニーズを反映した円滑な事業実施
Ⅵ　その他
　1　職域組合の退職者の組合員資格
　2　大学生協の学生の組合員資格

「生協制度の見直しについて」のポイントとコメント

　消費生活協同組合（生協）の事業は「購買（モノの販売）」「（生協施設による各種サービスの）利用」「共済」の3本柱である。「生協制度の見直しについて」文中の05年3月末時点の数値で、国全体の同種事業における生協の相対的規模を見ると、生協の購買事業は2％、利用（医療）は1％にすぎない。生協の組合員数は5,915万人いるが、マーケットシェアは1〜2％程度にすぎない。

以下では、「生協制度の見直しについて」（生協制度見直し検討会：06年12月）のポイントとして、以下の10点を指摘し、それに対する本書のコメントを述べる。

(1) なぜ生協制度の見直しか

　改正（07年5月）前の消費生活協同組合法は、「生協の組織・事業規模が大きくなった」「生協の事業内容が複雑になった」「生協を取り巻く経済社会環境が大きく変わり、国民の要請が大きく変化した」ことなどから、生協の実態に適合しなくなっていた。生協制度見直し検討会は、「このため、生協制度の趣旨・実態等を十分に踏まえつつ、生協が、組合員の相互扶助という生協の本旨に沿い、将来にわたりその役割を的確に果たせるよう、生協制度の見直しを行うことが必要である。」と述べている。私は、1995年ICA声明、消費生活協同組合法、各生協の定款の3つを理解してはじめて、生活協同組合の実際の事業・運動の意味を正しくとらえることができ、生協の制度設計ができると思っている。生活協同組合の実際の事業・運動は、一方で1995年ICA声明といった協同組合原則を守り、他方で消費生活協同組合法を遵守するので、たんに消費生活協同組合法と生協の実態等の2つだけを見ているだけでは不十分である。

(2) 生協に対する認識と位置づけ

　生協制度見直し検討会は、消費生活協同組合が「非営利目的の組合員の相互扶助組織」と「経済事業主体」の二面性を有していると認識し、さらに「例えば、無漂白の小麦粉など業界に先駆けた代替技術の開発による商品づくりに挑戦するなど、商品そのものの変化を促す先駆的な存在として、社会的役割を果たしてきた。」と認識している。1995年ICA声明は、「協同組合とは何かの定義」「協同組合の価値観と組合員の信条」「協同組合の7つの原則」の3つからなっているが、そのどこにも「非営利」の文言はない。消費生活協同組合法第9条（最大奉仕の原則）は「組合は、その行う事業によつて、その組合員及び会員に最大の奉仕をすることを目的とし、営利を目的としてその事業を行つてはならない。」と規定しているが、営利・非営利はそもそも何を意味するのであろうか。生協制度見直し検討会は、生協の「非営利法人」「経済事業主体」

といった二面性を認識しているというが、生協をめぐる議論を見ていると、営利・非営利、経済・非経済の概念の意味が明瞭ではないように思える。

(3) 事業と運動

協同組合の原則においては、事業と運動（活動）が区別されていると思われるが、消費生活協同組合法は事業と運動を一括して「事業」と呼び、両者を区別していない。しかし、生協制度見直し検討会は、事業と運動の二面性を生協のアイデンティティとみなし、例えば、福祉事業（事業）と福祉活動（運動）を区別し、「組合員の福祉を支えるという観点からは、利用事業として行われている福祉事業と組合員の相互の助け合い活動として行われる福祉活動の双方がある。利用事業としての福祉事業においては、介護保険制度の制度化に伴い、制度の下における事業者として位置づけられる側面も持っている。また、組合員による福祉活動としては、子育て支援活動などの狭義の福祉にとどまらず、多重債務者支援、ホームレス対策、消費者教育等広がりを持った取り組みも行われるようになっている。」と述べている。生協制度見直し検討会が事業と運動の二面性を生協のアイデンティティとみなしているのは正しいと思う。

(4) 県域規制：「県境問題」の解決

生協制度見直し検討会は、「道路整備の進展等に伴う生活圏の著しい拡大、都道府県域を超えたチェーンストアの展開、組合員のニーズの多様化、高度化など、生協の購買事業をめぐる状況も大きく変化している。しかし、地域生協には、都道府県の区域を越えて設立できないとする県域規制があることから、生活圏が県境を越えて存在しているにもかかわらず、隣県生協の店舗等を利用できないという『県境問題』の解消が求められている。加えて、生協の中核的事業である購買事業の効率化を図り、品揃えの充実などの組合員ニーズを満たすためには、県境に縛られず、適正な規模の店舗等を効率的に展開することが必要となっている。」と述べ、さらにファクトファインディングスとして、第1に「組合員の規模が小さい組合のほうが赤字組合の数が多くなっており、事業の規模の効率化を図る必要がある。ただし、組合員数が1000人未満の地域購買生協（46組合）のうち、赤字組合と黒字組合はそれぞれ23組合ずつの同数と

なっており、組合員規模が小さい場合でも、健全な事業運営を行っている組合は多い。」第2に「購買事業、特に店舗事業は不振ではあるものの、依然として店舗事業の占めるウェイトは大きく、組合員による福祉活動の拠点として店舗が利用されることなどからも、店舗事業は生協にとって大きな意義を有する。」を指摘している。

　日本の協同組合の嚆矢は、農業・中小企業向け金融を行うための産業組合であり、産業組合法案は、産業組合の区域を1市町村以上にわたることを不可としている。その理由として、政府委員は「互いの対人の信用、相互の信用が能く密着して居る所の人の利便を計るというのが目的で（中略）なるべく一市町村以上に亘らせぬ方針」と説明している。生協制度見直し検討会の論理は、県境を越えた生活圏を有する組合員のニーズに対応し、規模（店舗網）の拡大によって事業の効率化を図り、店舗網の拡大は事業のみならず、活動（運動）を活発化するというものである。しかし、それは1995年ICA声明に抵触するものではないが、賀川豊彦の協同組合運営の原則の1つ「人と人とのつながり（人格経済）」からは「まったく問題なし」とはいえないであろう。この点については、生協制度見直し検討会も、「員外利用規制や県域規制の見直しに当たっては、経済政策的な規制は、合理的な範囲で緩和していくという基本的な考え方のもと、『一定の地域による人と人との結合』であり、組合員の相互扶助組織であるという生協の本旨や、その公共性・公益性と見直しの必要性とのバランスをとりながら、見直しを行う必要がある。」と述べている。

(5) **員外利用規制**

　生協制度見直し検討会は、「生協においては、厚生労働省令で定める場合を除き、行政庁の許可を得なければ、組合員以外の者が利用してはならないとする員外利用規制があるが、近年は、災害時の緊急物資提供など、組合員のみならず、広く社会に貢献することが求められる場面が増加している。このため、主として購買事業に関する規制として、員外利用規制や県域規制のあり方の見直しが課題となっている。」と述べている。

　日本の協同組合の嚆矢は、農業・中小企業向け金融を行うための産業組合で

あり、(第1次)産業組合法案は第14帝国議会衆議院における審議で1900年(明治33年)2月17日修正可決されたが、主たる修正内容は産業組合には所得税・営業税を課さないというものであった。修正議論の中で興味深いのは、第1に、産業組合が一般公衆に対しても営業を行うのであれば所得税を課さなければならないが、組合員の便宜の範囲内で事業を行うのであれば、所得税を課さなくてもよいというものである。第2に、政府は産業組合をさほど保護しないので、課税を免除するくらいの保護を与えても当然であるというものである。現行の法人税法では、「協同組合等」は、法人税率の軽課や損金算入枠の拡大などが適用されているが、その理由は営業の形態が組合員との取引を基礎としているというものである。

1995年ICA声明の7つの原則のうちの1つは「コミュニティに対する関心」であり、それは員外利用の正当化理由とみなされうるものであるかもしれないが、ICA声明の「コミュニティに対する関心」は協同組合は組合員によって承認された政策を通じて、そのコミュニティの経済的、社会的、文化的な発展のために活動するというものであり、協同組合の経済事業をたんに拡大させるというための員外利用規制の緩和ではない。この点については、生協制度見直し検討会も、「員外利用規制の見直しを行うに当たって、定款に定めれば理由を問わず一定割合まで利用を可能とすることは、税制優遇措置の有無等その前提条件を異にする一般小売業等との相違を曖昧にし適当でなく、消費者の相互扶助組織という理念の中で、それに反しない限りで見直しを行うべきである。具体的には、員外利用が禁止されることは維持するとともに、員外利用が認められる場合については、可能な場合を一つ一つ検証することにより、法体系の中で、個々の員外利用限度も含め個別具体的に限定列挙することが適当である。」と述べている。

(6) ガバナンスの強化

生協制度見直し検討会は、「生協は、規模が拡大し、経済事業主体としての責任が増大するとともに、事業が複雑化しており、理事会やそれを構成する理事には、適正かつ迅速な意思決定が求められている。これらの機関が各機能を

果たすことにより、適正な業務執行を担保するためには、その責任の所在を明確にすることや、監査機関である監事の理事会等に対する牽制機能を強化すること等により、組合内部において効率的で健全な法人経営を可能とするシステム（ガバナンス）を強化することが必要である。また、生協内部におけるガバナンスの強化のほか、生協外部の者からの監視機能を強化することや生協の債権者等に対する透明性を確保することも必要である。さらに、生協外部の者による監視機能の強化のための措置として、一定範囲内での行政庁の関与も必要である。」と述べ、効率的で健全な経営を可能とするのに必要なガバナンスを強化するためには、協同組合の内部では、理事会やそれを構成する理事の責任の所在を明確にすることや、監事の理事会等に対する牽制機能を強化することなど、協同組合の外部からは、外部者からの監視機能（一定範囲内での行政庁の関与）の強化や債権者等に対する透明性の確保が必要であると論じている。

　協同組合の運営に関しては「営利主義の浸透よりも、むしろ独裁的理念主義が生協の危機を生んだ。」（中川編［2000］）と言われ、ガバナンス問題は重要である。ガバナンスの仕組みとしては、マルチ・ステークホルダー型と委任者・代理人（principal-agency）型がある。委任者・代理人型では、委任者たる組合員（理事会）が代理人たる生協職員（経営トップ）を監視することになるが、組合員だけですべて決定するのは当然であるという考え方はもはや時代に合っていない。生協のステークホルダー（利害関係者）には、組合員、生協職員、生産者、地域社会、他の生協・連合会、次世代などがいて、生協の運営に生協外からの声を反映させる必要性が高まっているので、生協ガバナンスはマルチ・ステークホルダー型をめざすべきである。マルチ・ステークホルダー型は生協を社会的存在と位置づけているが、委任者・代理人型は生協が社会的存在であることを忘れてしまうかもしれない。ステークホルダーが多様になればなるほど、その要求は一見まとまりがないものとなるが、それを調和させるためには「公正」を貫くことが重要である。

(7)　組合員意思の反映

　生協制度見直し検討会は、「生協の規模が拡大し、その事業が複雑化した現

在では、健全な組織運営及び事業実施のため、組合員の意思が反映される運営を確保するとともに、迅速かつ適正な業務執行体制を確立するため、総会や理事会・理事、監事などの各機関の権限や責任を明確化し、これらの機関相互の牽制機能を強化する必要がある。」「生協の構成員である組合員及び組合員全員をもって構成し、生協の最高意思を決定すべき機関である総会やそれに代わって設けられる総代会は、組合員の意思を生協の組織運営や事業実施に直接又は間接的に反映させる役割を担っている。組合員意思を反映させることは、代表理事等による業務執行に対する牽制機能や監事による監査の実効性を担保する機能を果たしており、生協内部のガバナンス機能の強化につながるものである。」と述べている。組合員の意思を生協の組織運営・事業実施に反映させることの意義について、生協制度見直し検討会は生協内部のガバナンス機能の強化を挙げ、マクファーソン教授は「協同組合のアイデンティティに関するICA声明」の背景資料において、組合員と協同組合役職員の間の双方向のコミュニケーションを効果的に行う協同組合は失敗することはないと論じている。組合員意思の反映は、協同組合運営におけるガバナンス機能を高め、事業を成功させるための工夫の1つである。

　常勤役員だけにしか情報がもたらされない生協では、常勤役員の意向しか、生協運営に反映されない。一部の組合員だけが情報を握っている生協は、一部の組合員の声しか生協には届かない。しかし、生協があらゆる情報を公開し、あらゆる問題を組合員と社会とに問いかけるならば、その生協にはあらゆる層からの意見・要求が伝わる。積極的な情報公開は、必然的にあらゆる利害の衝突、そしてその調和への模索へと組織を導く。

(8) **剰余金**

　生協制度見直し検討会は、「生協は、農業協同組合等の他の協同組合と異なり、法律上、組合員の途中脱退に際し払込済出資額のみを請求できることとなっている。すなわち、生協においては、剰余金は、利用分量等に応じて割り戻されるもの以外は、生協内部において蓄積され、組合員の途中脱退に際しても払戻しされず、次の事業展開に活用されるという仕組みになっている。」と述

べている。

　フォーケ［1935］は、「もしも、起こり得べき損失に対する予防という以外の理由なしに、たとえば購買協同組合の場合、利益を含む価格で、物資を組合員に供給したとしよう。（中略）しかしその場合購買組合の組合員によって支払われる価格（中略）は、一時的支払にすぎないのであって、会計年度の終りに、組合員によってなされる組合の事業に比例する剰余金の配分によって調整がなされるのである。（中略）剰余金の配分に適用される比例性の原則は必要ある場合には、損失の配分についても適用される。」（訳書 p.78）と述べている。すなわち、価格1本90円であれば事業剰余（営業利益）はゼロであるが、売れ残りなどで損失が出た場合の損失補填準備のために1本100円の価格を設定し、結果としてプラスの事業剰余（営業利益）が生じたとしよう。組合員から受け取りすぎたとみなせば、剰余金を返却する必要があるが、この剰余金の分配については、一般には、次の3つの考え方がある。

① 剰余金の個別化・持分化

　各組合員は、剰余金の形成に貢献した割合に比例して、剰余金を返済してもらうか、剰余金を積み立てた場合は積立金に対する権利を得る。

② 剰余金・積立金の共同基金化

　剰余金・積立金を共同基金化する。

③ 剰余金の寄付（移転）

　剰余金をコミュニティ貢献などのために寄付する。

　「少し利用・少し出資」「多く利用・多く出資」であれば問題はないが、「少し利用・多く出資 vs. 多く利用・少し出資」の取り扱いは検討の対象である。すなわち、「利用」「出資」のいずれをもって組合員重視の尺度とするのかの問題である。出資は外部者にとっても可能であり、利用をもってこそ内部者とみなしうるのではなかろうか。株式会社では株主が必ずしも利用者（顧客）であるとは限らないが、協同組合の特徴の1つは、出資者は必ず利用者（顧客）であることであり、組合員は利用するために出資するのである。

(9) 共済事業：事業リスク遮断

　生協制度見直し検討会は、「生協共済と保険には一定の差異が認められるものの、金融事業の一種であることや、破綻時に契約者に与えるリスクが大きいことを踏まえれば、一定の規制が必要である。」「規模が一定以上の共済事業を実施する消費生活協同組合及び連合会、再共済事業、再々共済事業を行う連合会については、当該生協は、他の事業を兼業することができないとすることが必要である。」と述べ、購買事業・利用事業と共済事業の事業リスク遮断のために、購買事業・利用事業と共済事業の兼業を禁止することが必要であると指摘している[3]。

(10) 大学生協の学生の組合員資格

　生協制度見直し検討会は、「大学生協において、学生が、大学という職域の附近に居住する者として組合員になっていることから、本来の組合員として位置づけるべく、見直しを行う。」と述べている。消費生活協同組合法では、大学キャンパスでは少数派の教職員が第14条第1項の規定で、多数派の学生が第4項の規定で、組合員有資格者とみなされているが、第4項は「定款の定めるところにより、（中略）当該学校の学生を組合員とすることができる。」というものである。多数派の学生が組合員有資格者になるために、わざわざ定款で定めなければならないのである。

3　「日本の生協の2020年ビジョン」：2011年6月

「生協の21世紀理念」と「日本の生協の2020年ビジョン」：日本生協連

　日本生活協同組合連合会（日本生協連）は、2011年6月の第61回通常総会で、「日本の生協の2020年ビジョン」を承認した。それは1997年の「生協の21世紀理念」（日本生協連）を踏まえたものであり、「生協の21世紀理念」は「自立した市民の協同の力で人間らしいくらしの創造と持続可能な社会の実現を」をめざし、「日本の生協の2020年ビジョン」は「私たちは、人と人とがつながり、笑顔があふれ信頼が広がる社会の実現をめざします。」といったビジョン（「10

年後のありたい姿」）を掲げている。

　本書での私のメッセージの１つは、協同組合のアイデンティティは、「人間らしいくらしの創造と持続可能な社会の実現を」「人と人とがつながり、笑顔があふれ信頼が広がる社会の実現を」といった目標設定にあるのではなく、それらの目標は官（政府）や民（民間）の目標でもあり、協同組合のアイデンティティは目標達成の方法、すなわち「自立した市民の協同の力で」といった方法のユニークさであるといった主張である。協同組合人は、「人間らしいくらしの創造と持続可能な社会の実現を」「人と人とがつながり、笑顔があふれ信頼が広がる社会の実現を」といった目標に協同組合のアイデンティティを求めてはいけない[4]。

　協同組合のアイデンティティは「自立した市民の協同の力で」といった目標達成方法であり、「生協の21世紀理念」は「一人ひとりが手を取り合う『市民の協同の力』こそ、私たちがめざす社会をつくる原動力です。」と述べ、まず市民は自立を心掛け、しかるのちに、一人ひとりの市民では解決できない問題を協同の力で解決しようと正しく唱えている[5]。

ビジョンを実現するための５つのアクションプラン

　「日本の生協の2020年ビジョン」（日本生協連）は「私たちは、人と人とがつながり、笑顔があふれ信頼が広がる社会の実現をめざします。」といったビジョンを設定し、このビジョンを実現するためのアクションプランとして、以下の５つを挙げている。(4)、(5)の２つのアクションプランは、(1)、(2)、(3)の３つのアクションプランの基礎と位置づけられている。

(1)　ふだんのくらしへの役立ち

　「組合員の願いを実現するために、食を中心にふだんのくらしへの役立ちをより一層高めます。事業革新に不断の努力を続け、組合員のくらしに貢献し、信頼を培います。」

(2) 地域社会づくりへの参加

「地域のネットワークを広げながら、地域社会づくりに参加します。」

(3) 世界と日本社会への貢献

「平和で持続可能な社会と安心してくらせる日本社会の実現をめざし、積極的な役割を果たします。」

(4) 元気な組織と健全な経営づくり

「組合員が元気に参加し、職員が元気に働き、学びあい成長する組織と、健全な経営を確立します。」

(5) さらなる連帯の推進と活動基盤の整備

「全国の生協が力を合わせ、組合員のくらしに最も役立つ生協に発展させます。」

以上の5つのアクションプラン、とりわけ(4)、(5)の2つのアクションプランは、「協同組合の価値・仕組みの有効性を発揮し、社会の中で協同組合が積極的な役割を果たしていく」ためのものであり、協同組合のアイデンティティとみなされてしかるべきものである。

4　改正生協法の見直し

日本生協連の「生協法改正要求案」：2005年5月

消費生活協同組合法（生協法）は1948年（昭和23年）7月30日に公布され、改正を重ねているが、2005年5月、日本生活協同組合連合会理事会は「生協法改正要求案」を確認し、全国の生協で生協法改正の議論を開始した。日本生協連理事会は、生協法改正要求の理由として「（生協法は1948年当時の―引用者注）『町内会単位での地域生協や職場単位での職域生協をモデルとしてつくられているため、現在の経済・社会や生協の状況にそぐわず、さまざまな点で現実の支障を生じている』ことを踏まえ、『生協をとりまく今日的な状況と社会的ポジションに相応して、事業や活動の条件を確保するとともに、組織運営と

経営管理に関する制度を整備する』」ことをあげ、最重点の改正要求事項として「県域規制等の撤廃」「員外利用規制の緩和」の２つを挙げ、最重点以外の改正要求事項として「1995年の『協同組合のアイデンティティに関するICA声明』に沿った組合基準の見直し」「貸付事業の導入」「共済制度の整備」「理事会・代表理事制の法定化などのガバナンス関連規定の整備」などを挙げている。

改正生協法の成立：2007年5月

消費生活協同組合の管轄官庁である厚生労働省は、06年7月、「生協制度見直し検討会」を設置し、生協法の総合的な改正に向けた議論を開始した。生協制度見直し検討会の「生協制度の見直しについて」（06年12月）を踏まえて、07年3月13日「消費生活協同組合法の一部を改正する等の法律案（生協法改正法案）」が閣議決定され、同年5月8日、第166回通常国会において全会一致で可決・成立した。生協法改正法案は07年5月16日に公布され、08年4月1日に施行された。これは、全9章からなる生協法のすべての章にわたって改正が盛り込まれた、法制定以来の約60年ぶりの包括的改正であった。

改正生協法のポイントは次のものである。

(1) **組織運営面**

理事会等の機関の権限・責任を明確化することによって内部ガバナンスを強化しつつ、外部からのチェック・組合員の訴権等が整備された。

(2) **事業面**

① 県域規制・員外利用規制が緩和された。
② 医療・福祉事業が法文上明記された。
③ 生協共済の契約者保護のため経営の健全性や透明性等の確保のための制度整備が図られた[6]。

日本生協連による改正生協法の見直し

08年4月1日に施行された「改正生協法」は、附則第38条（検討）の中で、

「政府は、この法律の施行後5年（2013年4月1日—引用者注）を経過した場合において、この法律による改正後の消費生活協同組合法の施行の状況について検討を加え、必要があると認めるときは、その結果に基づいて所要の措置を講ずるものとする。」と規定している。10年5月、日本生活協同組合連合会理事会は「生協法5年後見直し検討委員会」を設置し、改正生協法の見直しを行っている。

注
1) 株式会社の出資金である株主資本は主として固定資本のために使われるが、大学生協の出資金は主として運転資本として使われている。
2) 神戸大学生協では、登記上1口1,000円であり、1年間5,000円の計算で、学部学生は4年間在籍で20口20,000円、留学生は2年間在籍で10口10,000円の出資金である。しかし、出資口数の多少にかかわらず、「一人一票」（人格平等）の組合民主主義の下、学部学生も留学生もともに「一人一票」である。
3) 厚生労働省は、07年5月16日に公布された「改正生協法」成立の背景は生協共済の契約者保護等であると述べているが、最重要背景は生協共済に対する競争条件の対等化（イコール・フッティング）を求める声が国内外の保険業界から強く出されたことである。
4) 「人間らしいくらし」は「モノがあるだけでなく、ふれあいとぬくもりのあるコミュニティの創造など、心の豊かさや、すこやかさ、ゆとりのある」くらし、「持続可能な社会」は「地球環境を守り、世界の全ての人々が平和に暮らせる」社会とそれぞれ説明され、両者をあわせれば「その違いを認め合い、助け合い、共に生きる社会」と説明されている。このように説明されると、目標設定に協同組合のアイデンティティはないと断定するのは問題で、設定された目標の中に協同組合の重視している価値が入り、それは協同組合のアイデンティティである。しかし、「人間らしいくらし」「持続可能な社会」は協同組合以外の経済事業体によっても唱えられていることも認識しなければならない。やはり、本書のメッセージの1つは、協同組合のアイデンティティは事業遂行上の方法のユニークさであるというものである。
5) 1997年の「生協の21世紀理念」（日本生協連）は、1995年ICA声明を受けて策定されたものである。
6) 消費生活協同組合法改正案の第13条「貸付事業の運営に関する措置」は新たに追加されたものであり、次のものである。「第10条第1項第4号の事業（組合員の生活の共済を図る事業—引用者注）のうち、組合員に対し生活に必要な資金を貸し付ける事業（以

下「貸付事業」という。）を行う組合は、この法律及び他の法律に定めるもののほか、厚生労働省令で定めるところにより、当該貸付事業の適正な運営の確保及び資金の貸付けを受ける組合員の利益の保護を図るために必要な措置であつて厚生労働省令で定めるものを講じなければならない。」

第6章　消費生活協同組合のアイデンティティと役割

1　組織形態としての協同組合

組織形態としての協同組合の位置付け：講学上の中間法人、間接有限責任

　私的自治（団体形成の自由）の範囲内で、さまざまな組織ないし団体が形成されている。私法（私的利益の利害調整のための法規整）の基本法である民法は組合や法人（公益法人）を、商法およびその特別法たる有限会社法は各種の会社（株式会社、有限会社等）や匿名組合を、さらに、各種の特別法は協同組合、相互会社といった各種の法人をそれぞれ設けている。

　日本銀行金融研究所「組織形態と法に関する研究会」は、組織形態を「法人格の有無」「組織の目的」「組織の債務に対する構成員の責任の態様」という3つの視点から分類している。

① 法人格の有無

　法人格を有する法人形態、法人格を有しない組合形態（任意組合、中小企業等投資事業有限責任組合、匿名組合）、信託形態に分類される。

② 組織の目的

　法人形態は、さらに、組織（法人）の目的に応じて、営利法人（株式会社等）、公益法人（社団法人、財団法人等）および講学上の中間法人（中間法人、各種の協同組合等）に分類される。

③ 組織の債務に対する構成員の責任の態様

　組織の債務に対する構成員の責任の限度の観点から、無制限に責任を負う無限責任の形態と、一定の限度額（例えば、出資額）の範囲内でのみ責任を負う

有限責任の形態に分類される。責任の直接性の有無の観点から、直接に組織の債権者に対して責任を負う直接責任と、組織に対して義務（出資義務）を負うにとどまる間接責任の形態に分類される。すべての構成員が直接無限責任を負うものとしては任意組合や合名会社が、一部の構成員が直接無限責任を負い、他の構成員が直接有限責任を負うものとしては中小企業等投資事業有限責任組合や合資会社が、すべての構成員が間接有限責任を負うものとしては株式会社や有限会社がある。

　協同組合は、「法人格の有無」で言えば法人格を有している。「組織の目的」で言えば「講学上の中間法人」である。「組織の債務に対する構成員の責任の態様」で言えば間接有限責任、つまり組織の債務に対する構成員の責任の限度の観点から、出資額の範囲内でのみ責任を負う有限責任の形態、責任の直接性の有無の観点から、組織に対して義務（出資義務）を負うにとどまる間接責任の形態である。「中間法人」は、営利、公益のいずれをも目的としない中間目的の法人を総称する語としてかねてから使用されてきたが、中間法人法の制定により、同法に基づく中間法人（有限責任中間法人および無限責任中間法人）が創設されたので、ここでは、中間目的の法人一般を、中間法人法上の中間法人と区別する意味で、「講学上の中間法人」と指称する。協同組合は「非営利」と一般には言われているが、「営利目的でない」は厳密には「営利、公益のいずれをも目的としない中間目的の法人」であることを意味している。

組織形態としての協同組合の理念型

　日本銀行金融研究所「『組織形態と法に関する研究会』報告書」は、「協同組合は、組合員の相互扶助（組合員の事業または生活の助成）を目的とするため、非営利法人ないし講学上の中間法人に分類される。」(p.20)と述べ、協同組合を「営利目的でない法人」「営利、公益のいずれをも目的としない中間目的の法人」であるとしているが、では何を目的としている法人と理解すればよいのであろうか。

　現行法制上、協同組合に関する一般法は存在せず、各種の協同組合は個別の

協同組合法に基づき設立されている。このため、協同組合の一般的定義に関する法律上の規定は存在しないが、「私的独占の禁止及び公正取引の確保に関する法律（独占禁止法）」第22条は同法の適用除外に次の4つの要件を満たす「組合」を挙げ、それは組織形態としての協同組合の理念型とみなすことができる。

① 小規模の事業者または消費者の相互扶助を目的とすること
② 任意に設立され、かつ、組合員が任意に加入しまたは脱退できること
③ 各組合員が平等の議決権を有すること
④ 組合員に対し利益分配を行う場合には、その限度が法令または定款に定められていること

各協同組合法は、上記の4つの要件を満たす協同組合の理念型に合致するか、相当程度接近している団体を協同組合と呼んでいるが、独占禁止法第22条は、小規模の事業者、消費者を経済的弱者とみなし、小規模の事業者、消費者は相互扶助を目的とする協同組合を組織することによって初めて同法の理想とする公正かつ自由な競争の競争単位となり得ると考えている。協同組合は、組合員の相互扶助を目的としていると理解すればよいであろう。

2　組織の性質：営利性、公益性、公共性

目的に応じた組織形態：公益法人、営利法人、中間法人

わが国の法人法制においては、「営利」「公益」といった法人の「目的」に応じて組織形態が設けられている。すなわち、法人法定主義のもとで、

① 公益法人（社団法人、財団法人等：「民法」第34条）
　公益を目的とし、かつ営利を目的としない法人は公益法人である。
② 営利法人（株式会社等：「民法」第35条第1項）
　営利を目的とする法人は営利法人である。
③ 中間法人（「中間法人法」第2条第1号）
　営利も公益も目的としない（社員に共通する利益を図り、かつ、営利を目的

としない）法人は中間法人である[1]。

営利性 vs. 公益性：法人の目的

「営利性 vs. 公益性」は法人の目的であり、営利性・公益性の内容は以下のとおりである。

(1) 営利性の内容

何をもって「営利性」があるとするのかについては、次の3つの学説がある。
① 構成員に対して利益を分配する（利益分配基準説）
② 利潤の獲得を目的として事業活動を行う（事業目的基準説）
③ 「構成員に対して利益を分配する」「利潤の獲得を目的として事業活動を行う」といった両基準のいずれか一方により営利性が認められれば営利性がある（両基準併用説）

利潤の獲得ができなければ、構成員に対して利益の分配をできないのであるから、「構成員に対して利益を分配する」の前提には「利潤の獲得を目的として事業活動を行う」があると考えられる。問題は「利潤の獲得を目的として事業活動を行う」とした上で、構成員に対して利益の分配を行わないケースの解釈である。例えば、営利を目的とする法人（株式会社等）が、利益配当を行うことなく、会社内部に利益を留保することなく、「利益はすべて慈善団体に寄付する」といった旨の定款を定めることは一般には認められていない。

「独占禁止法」第22条は、協同組合の理念型であるための要件として、「小規模の事業者または消費者の相互扶助を目的とすること」「組合員に対し利益分配を行う場合には、その限度が法令または定款に定められていること」を取り上げているが、協同組合が組合員の経済的、社会的、文化的ニーズと願いを金銭的あるいは非金銭的のいずれかの形で満足させるためには、「利潤の獲得を目的として事業活動を行う」ことが必要である。だが、だからと言って協同組合を営利法人とはみなしていない。また、協同組合が組合員の経済的、社会的、文化的ニーズと願いを相互扶助の形で満足させることは、「構成員に対して利益を分配する」ことになるが、だからと言って協同組合を営利法人とはみなし

ていない。協同組合が「構成員に対して利益を分配する」「利潤の獲得を目的として事業活動を行う」といった"営利性"を有しているにもかかわらず、協同組合は「非営利法人」と一般にみなされている[2]。

(2) 公益性の内容

「公益性」は、不特定多数の者の利益を図ることを意味すると解されているが、法律上は「祭祀、宗教、慈善、学術、技芸其他公益ニ関スル」(「民法」第34条)とされるのみであり、公益性の内容に踏み込んだ定義はない。協同組合は、組合員だけの経済的、社会的、文化的ニーズと願いを満たすことを目的としているので、公益法人ではない。

かくて、協同組合は「非営利」と一般には言われ、「営利目的でない」は厳密には「営利、公益のいずれをも目的としない中間目的の法人」であることを意味している。協同組合は「利潤の獲得を目的として事業活動を行う」という意味で営利性を有するが、組合員に対してだけに利益を分配するので公益性を有していない[3]。

中間法人というから営利と公益の中間のように思われるが、講学上の中間法人としての協同組合には公益性はない。営利法人（株式会社等）と同様に、協同組合は利潤の獲得を目的として事業活動を行っているが、「構成員に対して利益を分配する」という点でその中身が大いに異なっている。株式会社の利害関係者（ステーク・ホルダー）には株主、従業員、役員、顧客、取引先などがいて、「会社は株主のものである」というのは言い過ぎであるかもしれないが、株主総会は最高の議決機関である。生活協同組合の利害関係者には組合員、職員、取引先などがいて、総（代）会は最高の議決機関である。株式会社・生活協同組合はともに利潤の獲得を目的として事業活動を行うが、得られた利潤を、株式会社では、株主と顧客が必ずしも一致しない中で、「多くの出資者に、多くの利益分配を行う」という非人格的資本の論理で分配が行われるのに対して、生活協同組合では、出資者と利用者（顧客）が必ず一致する中で、「多くの利用に、多くの利益分配を行う」という人格的利用の論理で分配が行われる。ここに、株式会社と生活協同組合の最大の相違点がある。「営利 vs. 非営利」は

「営利は利潤を獲得することをめざし、非営利は利潤を獲得することをめざさない」としばしば解釈されているが、それは大きな誤解であり、「営利は利益獲得をめざし、その利益を非人格的資本の論理で資本家に分配し、非営利は利益獲得をめざし、その利益を人格的利用の論理で利用者（組合員）に分配する」と解釈されるべきである。

公共性と「営利性 vs. 公益性」：事業の性質

「営利性 vs. 公益性」は法人の目的であり、公共性は法人が営む事業の性質にかかわる概念であるので、「営利性 vs. 公益性」と「公共性」はそれぞれ別の座標軸である。

一定の事業については、「銀行法」に基づく銀行業、電気通信事業法に基づく電気通信事業のように、当該事業を規制する法律（業法）上、明文で「公共性」を有するとされているほか、明文の定めがなくとも、有価証券市場の開設や保管振替業のように、解釈上、「公共性」を有するとされているものが存在する。公共性の実質的な内容は、事業によって大きく異なり、その意義を一律に明らかにすることは困難であるが、事業が何らかの意味で社会的に有用なインフラストラクチャーを提供し、当該インフラストラクチャーの利用が正当な理由なく制限ないし排除されることは適当でないとされることが公共性の内実であろう。

3 「協同組合のアイデンティティに関するICA声明」と日本生協連

生活協同組合の起源はロッチデール先駆者協同組合

生活協同組合は「生協」「コープ」と呼ばれ、コープは協同組合を表す「Co-operative（コーペラティブ）」の「Co-op」を日本語読みにしたものである。1844年12月21日、英国ランカシャーのロッチデールにおいて、一方で減給、他方で日々の食料や衣類等の生活必需品の品質の悪化や取引における公正さの欠

如などに苦しんでいた労働者たちが、「誠実な価格」で「混ぜもののない食品」を提供するために世界で最初の生活協同組合を組織し、それは「ロッチデール先駆者協同組合（Rochdale Pioneers Co-operative）またはロッチデール公正先駆者組合（The Rochdale Society of Equitable Pioneers）」と呼ばれている。

「協同組合のアイデンティティに関するICA声明」に対する日本生協連の見解

協同組合のアイデンティティに関するICA声明（マクファーソン教授の最終案・第1版）に対する日本生活協同組合連合会（日本生協連）の見解は、次のとおりである。

① 生活の改善を図るために：協同組合の定義

最終案・第1版には「共通の経済的・社会的・文化的ニーズを満たすために」とあるが、日本生協連は「共通の経済的・社会的・文化的ニーズを満たし、生活の改善を図るために」とした方が、将来にわたって生活のあり方を改革していく意味が鮮明になると論じている。しかし、ICA声明は協同組合一般についてのものであるから、これは無理な要求であろう。

② 組合員のニーズに応える経済活動：第4原則（サービスの義務）

最終案・第1版には、第4原則（サービスの義務）として「協同組合の主要な目的は、効率的に組合員に奉仕することである。協同組合は組合員に、また適切な場合にはそれ以外の人に、最良の品質の商品とサービスを、合理的な価格で提供する。」とあり、これを日本生協連は「組合員のニーズに応える経済活動」に対応するものとして強く支持したが、ICA声明には明記されなかった。

③ 生協職員：第2原則（民主的管理と参加）

最終案・第1版には、第2原則（民主的管理と参加）の中で「役員として選挙や指名で選ばれた男女は、政策立案や意思決定に積極的に参加している組合員に責任をもっている。マネージャーや職員はこれらの過程で適切な役割を果たす。」とあり、これを日本生協連はマネージャーや職員の役割について言及しているとして高く評価しているが、ICA声明には明記されなかった。

④　自立と自己責任は協同組合にとって生命線：第5原則（自治）

　最終案・第1版には、第5原則（自治）として「協同組合は、組合員により管理される自治的な自助組織である。政府や他の組織と取り決めを行う際は、協同組合は、自由に、そして自らの自治を保証する条件において行う。」とあり、「自治」は新しく付け加えられた原則であり、1995年協同組合原則改定の本当の理由の1つとみなされているものである。これに日本生協連は大賛成し、「日本の生協運動の経験からも、自立と自己責任が協同組合にとって生命線ともいうべき重要な原則であると考えるものです。協同組合が政府や企業、あるいは他の団体に従属してしまうと、組合員による自主的決定権がそれに拘束されることになり、自らの社会的な存在意義を脅かすことになります。」と論じている。

⑤　労働への報酬：第3原則（組合員が管理する財務）

　最終案・第1版には、第3原則（組合員が管理する財務）として「組合員は、協同組合の資本に公平に拠出し、その慎重な活動の結果としての配分に与る。協同組合の資本の一部は、集団的に所有されるべきである。協同組合は資本と労働に対して公正に支払う。」とあるが、これに対しては、日本生協連は批判的である。すなわち、第1に、協同組合の出資金は株式会社の株式とは異なることを端的に示すために、「資本への利子の制限」を明示すべきである、第2に、「資本と労働を並列させて『公正に支払う』と記述すると、資本と労働が剰余を分け合うかのような誤解を生みます。資本への利子と労働への報酬はそれぞれ別個の基準で支払われるものです。この基準の違いを明確に区別することが必要と考えるからです。」と日本生協連は論じ、「協同組合は社会の水準にしたがって職員に公正に報酬を支払い、投機性をもたない報酬で資本への利子を支払うことができる。」といった修正文を提案している。ICA声明には、「資本への利子の制限」について、「組合員は、組合員として払い込んだ出資金に対して、配当がある場合でも通常制限された率で受け取る。」と明記された。他方、ICA声明には、労働への報酬についての言及はまったくない。

⑥　剰余金の配分：第3原則（組合員が管理する財務）

最終案・第1版には、第3原則（組合員が管理する財務）の中に、剰余金の配分について「剰余は組合員の決定により、次の目的の何れか、またはすべてのために配分される。(a)協同組合の事業の発展のため、(b)参加の度合いに応じた組合員への配分のため、(c)協同組合運動の一層の発展促進のため、(d)共通あるいはその他のサービスを提供したり改善するため」とあるが、これについては、日本生協連は(c)、(d)を一つにまとめることを提案している。

⑦ 事業を利用し、運営に参加することを通じて学び合う：第6原則（教育）

最終案・第1版には、第6原則（教育）として「協同組合は、自らの発展のための活発で相互的な教育プログラムに依拠している。協同組合は、効果的に責任を果たせるように、組合員、リーダー、そして職員に対する教育を提供する。協同組合は一般の人々、特に若い人々やオピニオンリーダーに、協同組合運動の特質と利点について知らせる。」と述べているが、これについては、日本生協連は「協同組合における教育は、組合員と職員が日常的に事業を利用し、運営に参加することを通じてお互いに学び合うところに、学校教育や企業教育と異なる特徴があると考える」と論じている。

4　ICA生協委員会による「生協の運営ガイドライン」

ICA生協委員会による責任の認識：9つの責任

ICA生協委員会が関心をもっている責任は、次の9つである。③から⑨までの7つの責任は、より直接的に経営活動にかかわっている。

① 組合員と協同組合の民主的運営に対する責任

・組合員が「所有者」であると同時に「利用者」であることから生ずる権利を守り、発展させなければならない。組合員の「所有者」としての役割は、戦略的経営方針を組み立てたり、経営成績を管理する役割を遂行するために、組合員をできるだけ多く参加させる経済的参加要素を取り入れることを求めている。

・組合員に対する責任は参加を含む民主的運営原則に対する責任にもなる。

・組合員に対して具体的な経済的利益とともに良い社会的、文化的、余暇活動の施策を提供する。

② 協同組合の遺産と理想に対する責任

・他の流通業者と生活協同組合の違いを際立たせる特徴を守り刷新していくこと、そして社会的に役立つ場合はどこにおいても組合員を組織し消費者教育を実施する。

・生活協同組合が商業活動だけでなく社会的文化的活動においても合理的で効率的である。

③ 消費者に対する責任

・以下の3つの分野における消費者ニーズに応えるような競争力があり効果的な政策を用いることを意味している。

　　ⅰ　競争力のある価格（購買力を保護することを目的とした価格政策を策定することを含む）

　　ⅱ　商品の品質と品揃え（安全と健康維持という要請に応えることを含む）

　　ⅲ　サービスの向上（消費者の求める情報と消費者が買物に費やす時間を考慮して、効率的な買物を可能にすることを含む）

・これはより一般的には、市場をよりよく理解し消費者の選択や消費パターンについての知識を高めるために、社会状況や個人について調べ、また増大する文化的特性や個性の違いも考慮に入れることによって、協同組合が消費者とともに歩むことに積極的な関与をすることを要請している。

④ 職員に対する責任

・契約した保証を認めて職務上の地位を守り参加を促進するにとどまらず、職員が協同組合の経営と経済的・社会的な戦略目標の設定に加わるというさらに先進的で独自の職員参加の形態を組織する義務にまで広げなければならない。

・職員が仕事の能率を上げ、ますます厳しくなる競争において私たちと競合相手との違いを際立たせる特質を開発する必要性を経営者レベルと同様に認

識することが必要である。本格的な包括的な訓練プログラムの開発。
⑤　取引業者に対する責任
　消費者の利益を増進すると同時に、市場の透明性に寄与したり、コスト削減を目的とした実利的な関係を確立する。環境に害を与えない方法と適正価格で品質の良い商品を製造しているメーカーの支援にかかわる。
⑥　環境に対する責任
　・生活協同組合は、産業社会による過剰生産を是正し、環境と両立できる経済発展の形態を確立するために資源を破壊せずに利用しながら、自然との関係を作り上げるような行動を市場においてとろうとする。
　・商品生産に使う原料のリサイクルのあらゆる可能性に絶えず注意を払うことを社会的・経済的組織に要求しつつ、「再生産文化」を早急に築きあげる。
⑦　公的機関に対する責任
　社会進歩と市民の利益の推進のための役割をもっていることに、当局の注意をはっきり喚起させるために、行政当局と躊躇も恐れもせず話し合い、意志疎通する。
⑧　世界連帯に対する責任
　・特別の関与を必要とするテーマは、連帯、人間のニーズ、平和などである。
　・協同をつうじて、さまざまなグループが生活の質を高める目標に向かって活動することができる。これらのグループは消費者組織、環境保護団体、ボランティア組織などである。これらのグループとともに、普遍的な利益のための改革を目指して、活動の目標と社会的連携を確立することができる。
⑨　協同組合運動全体に対する責任
　全国的および国際的な組織の活動に参加することである。「外部への相互扶助」を実践する。

5 ICAアジア・太平洋地域生協委員会による「生協の運営ガイドライン」

生協の運営ガイドライン

以下の運営ガイドラインは、生協が協同組合の特質をもって活動するよう手助けするために用意されている。

① 経済的な活力
・利益がなければ組合員は経済的な恩恵を受けることができないし、生協自身も最終的に閉鎖を余儀なくされる。このことは、生協が健全な経営原則のもとで運営され、民間企業と十分に競争できるだけの力がなければならない。
・生協は政府の優遇措置を期待することはできない。というのは、政府依存によって生協は自治を失い、体質が弱くなり、力強い成長ができなくなるからである。

② 剰余金の分配
・利益が計上されたときは、まずなによりも事業を発展させるために留保されなければならない。このことは生協の長期的な将来を保証するために必要である。
・組合員は生協を利用する程度に応じて配当を受け取らなければならない。
・同時に、出資している組合員に競争力のある利率の出資配当を支払うことができる。

③ 組合員のニーズの充足
・生協は組合員によって運営される組織である。このため、生協は組合員の変化するライフスタイルからくるニーズに応えるような商品やサービスを提供する必要がある。それらのニーズは、優れたサービス、効率、そして競争力のある価格によって効果的に充足されるべきである。

④ 誠実と公開
・生協は誠実であることに伝統的に特別な関心を払っており、このことは市

場に生協を際立ったものにしてきた。
・生協は善良な事業慣行を採用しなければならない。
・販売される商品は鮮度が良く、健康に良く、賞味期限内のものでなければならない。量目不足の商品があってはならない。
・生協は、公開を重視し、組合員に対し定期的に生協の運営にかかわる情報を提供しなければならない。
・顧客が商品を購入したりサービスを利用したりする際に知る必要があるすべての情報をいつでも提供できるようにしていなければならない。

⑤ 継続的な教育
・選出されたリーダーやマネージャーが有能であり誠実であることが求められる。
・組合員、リーダー、マネージャー、そして職員が効果的にそれぞれの役割を果たし、十分に能力を発揮できるように、継続的な教育や訓練が行われるべきである。
・良い人材を引きつけ保持するために、職員には市場の水準に見合った賃金が公正に支払われなければならない。

⑥ 効果的なマネジメント
・生協は効果的なマネジメントを備えるべきである。
・組合員の代表である選出されたリーダーは、生協の事業に関する政策、指針の設定および全般的な監督において特別な役割と責任をもつ。
・雇用された専門のマネージャーは、イニシアティブの発揮、判断、事業経営を遂行するための十分な機会を与えられなりればならない。
・選出されたリーダーは生協の日常的な運営には介入すべきでなく、専門のマネージャーに任せなければならない。
・所有者である組合員は有能なリーダーを選出し、生協の基本政策に影響を及ぼすために積極的に参加すべきである。

⑦ 環境に対する配慮
・世論を喚起することは、広範な組合員基盤をもつ生協がかなり効果的に遂

行することができる課題である。

　・生協は環境に配慮した事業慣行を採用しなければならない。

⑧　コミュニティへの責任

　・生協は社会的に責任のある企業市民として活動し、地域コミュニティの事業に積極的に関与しなければならない。

　・コミュニティの福祉事業への参加は強く奨励される。

⑨　協同組合間協同

　・協同組合はあらゆるレベルで協同することによって、より効果的に組合員の利益に奉仕することができる。

　・協同組合がお互いに積極的に協力し合う場合に、全体は個々の部分よりずっと大きなものとなりうる。

注

1）　ドイツでは、社団は営利目的の経済社団と、非営利目的の非経済社団とに分類されている。フランスでは、民法上の営利組合と対比される「非営利社団契約に関する法律に基づく非営利社団」が存在し、営利目的と非営利目的の区別は、社員への利益分配の可否によって判断される。

2）　事実、米国の非営利組織研究では、生活協同組合は、利用高割り戻しなどで組合員に事業剰余の分配を行っているという理由で、非営利組織とは認められていない。

3）　神戸大学生活協同組合が神戸大学に寄付することは公益性の面を有しているかもしれないが、基本的には組合員の福利厚生に対する貢献という意味では組合員に対する利益分配である。

第7章　大学生活協同組合のアイデンティティと役割

1　大学生活協同組合のアイデンティティ：
　　消費生活協同組合法 vs. 定款

消費生活協同組合法 vs. 定款

　1995年ICA声明はあらゆる形態の協同組合、すべての国・地域に関するものであるので、日本の、生活協同組合を規定している消費生活協同組合法と齟齬があっても不思議ではない。しかし、ICAは1937年、1966年、1995年の三度にわたって協同組合原則を作成しているにもかかわらず、1948年7月に公布された消費生活協同組合法は、法律と経済社会・生活協同組合の実態の齟齬から、2007年5月に全面改正されたにすぎず、消費生活協同組合法はICAの協同組合原則をそのまま正しく取り入れているわけではないことは明らかである。私は、1995年ICA声明、消費生活協同組合法、定款の3つを理解してはじめて、大学生活協同組合の実際の事業・運動の意味を正しくとらえることができると思っているが、定款には1995年ICA声明の匂いはあるものの、やはり大学生協の根拠法が消費生活協同組合法であることから、定款は消費生活協同組合法をほぼ踏襲している。

　大学生活協同組合の事業・運動は、一方で1995年ICA声明といった協同組合原則を守り、他方で消費生活協同組合法・定款を遵守しているので、いくつかの矛盾が潜在しているように思う。法律・定款は一見無味乾燥のように思えるが、それは行政庁公認の「大学生活協同組合のアイデンティティと役割」を示していて、大学生活協同組合の事業・運動のいくつかの矛盾に気づかせてく

れるであろう。

消費生活協同組合法第 2 条（組合基準）：神戸大学生活協同組合

　私が組合員となっている神戸大学生協はかつては「神戸大学消費生活協同組合」と呼ばれていたが、現在の正式名称は「神戸大学生活協同組合」である。大学生活協同組合（大学生協）の根拠法は消費生活協同組合法であり、同法第 2 条は協同組合としての要件を規定している。以下では、神戸大学生活協同組合（神大生協）の定款が、消費生活協同組合法第 2 条（組合基準）にどのように対応しているのかを示す。

① 　一定の地域又は職域による人と人との結合であること。

　定款第 4 条（区域）は「この組合の区域（営業区域—引用者注）は、神戸大学の職域とする。」と規定している。大学生協は職域生協であり、神戸大学生活協同組合の活動区域は神戸大学キャンパスのみである。

② 　組合員の生活の文化的経済的改善向上を図ることのみを目的とすること。

　定款第 1 条（目的）は「この生活協同組合（以下『組合』という。）は、協同互助の精神に基づき、組合員の生活の文化的経済的改善向上を図ることを目的とする。」と規定している。この定款には、協同組合のアイデンティティを示している「協同互助の精神に基づき」といった文言が入っているので、1995 年 ICA 声明の匂いがする。

③ 　組合員が任意に加入し、又は脱退することができること。

　加入については、第 7 条（加入の申込み）第 1 項は「前条（組合員の資格—引用者注）第 1 項に規定する者は、組合員となろうとするときは、この組合の定める加入申込書に引き受けようとする出資口数に相当する出資金額を添え、これをこの組合に提出しなければならない。」、第 2 項は「この組合は、前項の申込みを拒んではならない。ただし、前項の申込みを拒むことにつき、理事会において正当な理由があると議決した場合は、この限りでない。」と規定している。脱退については、第 10 条（自由脱退）は「組合員は、事業年度の末日の 90 日前までにこの組合に予告し、当該事業年度の終わりにおいて脱退すること

ができる。」と規定している。「理事会において正当な理由があると議決した場合は、」神戸大学生協は加入申請を拒むことができるとされているが、ここで言う正当な理由の1つの例示は「商品代金の未納により総代会で除名された元組合員から、代金の未納が継続しているにもかかわらず、再度加入申込みがあったケース」である。

④　組合員の議決権及び選挙権は、出資口数にかかわらず、平等であること。

定款第59条（議決権及び選挙権）は「総代は、その出資口数の多少にかかわらず、各1個の議決権及び選挙権を有する。」と規定している。

⑤　組合の剰余金を割り戻すときは、主として事業分量により、これを行うこと。

定款第74条（剰余金の割戻し）は「この組合は、剰余金について、組合員の組合事業の利用分量又は払込んだ出資額に応じて組合員に割り戻すことができる。」と規定している。組合事業の利用分量に応じた組合員への割戻しについては、第75条（利用分量に応ずる割戻し）第2項は「利用分量割戻しは、各事業年度における組合員の組合事業の利用分量に応じて行う」、第3項「この組合は、組合事業を利用する組合員に対し、組合事業の利用の都度利用した事業の分量を証する領収書（利用高券・レシート等）を交付するものとする」と規定してあり、利用分量割戻しは総代会の議決事項である[1]。

⑥　組合の剰余金を出資額に応じて割り戻す場合には、その限度が定められていること。

定款第76条（出資額に応ずる割戻し）第3項は「出資配当金の額は、払込済出資額につき年1割以内の額とする。」と規定している。定款第78条（その他の剰余金処分）は「この組合は、剰余金について、第74条の規定により組合員への割戻しを行った後になお残余があるときは、その残余を任意に積み立て又は翌事業年度に繰り越すものとする。」と規定し、剰余が生じたらまず組合事業の利用分量又は払込んだ出資額に応じて組合員に割り戻し、次にまだ残余があるときは任意に積み立て又は翌事業年度に繰り越すとなっている。しかし、実際には、組合員への割り戻しを行うことなく、任意積立を行ったり、翌事業

年度に繰り越している[2]。

消費生活協同組合法第14条（組合員の資格）：神戸大学生協の組合員

以下では、神戸大学生活協同組合（神大生協）の定款第6条（組合員の資格）が、消費生活協同組合法第14条（組合員の資格）にどのように対応しているのかを示す。

第14条（組合員の資格）
第1項 「消費生活協同組合の組合員たる資格を有する者は、次に掲げる者で定款で定めるものとする。ただし、法人は、組合員となることができない。
① 地域による組合にあつては、一定の地域内に住所を有する者
② 職域による組合にあつては、一定の職域内に勤務する者」
第4項 「職域による消費生活協同組合のうち、大学その他の厚生労働省令で定める学校を職域とするものにあつては、定款の定めるところにより、第1項第2号及び前項各号に掲げる者のほか、当該学校の学生を組合員とすることができる。」

定款第6条第1項は「この組合の区域（神戸大学の職域—引用者注）内に通学又は勤務する者は、この組合の組合員となることができる。」と規定している。消費生活協同組合法上は、「神戸大学内に勤務する者」「神戸大学付近に住所を有する者」「神戸大学内に勤務していた者」のほかとして、神戸大学の学生が組合員の資格があるとされている。定款においては、神戸大学に通学する者として、神戸大学の学生が組合員の資格があるとされている。

第3項 「職域による消費生活協同組合にあつては、定款の定めるところにより、第1項第2号に掲げる者のほか、次に掲げる者であつてその組合の施設を利用することを適当とするものを組合員とすることができる。
① その付近に住所を有する者
② 当該職域内に勤務していた者」

定款第6条第2項は「この組合の区域の付近に住所を有する者又は区域内に勤務していた者でこの組合の事業を利用することを適当とするものは、この組

合の承認を受けて、この組合の組合員となることができる。」と規定している。組合員の資格に関する消費生活協同組合法と定款について、以下のコメントをしておく。

① 生協加入は任意であるが、非組合員の利用はただ乗り

　全国大学生活協同組合連合会『大学生協ハンドブック』は「生協が担当する食堂・店舗等を利用しないで大学生活を送るのはかなり難しいことですから、学内の食堂・店舗等のほとんどを生協に担当させている大学社会にあっては、学内構成員の全員が組合員になることが期待されます。一方で、生協は自発的に手を結んだ人々の自治的な組織です。生協に加入するかどうかは任意（その人の自由意志にまかされていること）であり、理事会・組織委員会は学内構成員に対し『生協にご加入ください』と呼びかけ、できるだけ多くの人に組合員になってもらうことが期待されます。学部学生に比べて、院生や教職員の加入率が低い傾向があります。」と述べている。大学生協は自発的に手を結んだ人々の自治的な組織であり、生協加入はたしかに任意である。しかし、組合員出資金などによって運営されている大学生協を出資金を出さずに（つまり、組合員にならずに）利用することは互助組織へのただ乗りであり、本書が国の形として重視している"協同組合精神（one for all, all for one）"に著しく反している。『大学生協ハンドブック』は「生協が担当する食堂・店舗等を利用しないで大学生活を送るのはかなり難しいことですから」といった自益からの加入を促しているが、望ましいのは「一人は万人のために、万人は一人のために（one for all, all for one）」といった大学生協の精神を理解したうえでの加入である。非組合員の組合利用（ただ乗り）は共助（協同組合精神）を欠くことになるという意味で慎まれなければならない。

② 出資金は組合員の義務

　株式会社においては、株主資本は事業体の根本であり、企業は資本の増殖のために運営される。しかし、大学生協は借入金によって設立されうるのであり、自己資本（出資による資本）を持たずに設立・運営されうる。株式会社においては、財務に関する権利・義務はすべて株主資本につきまとっている。しかし、

大学生協においては、出資金は主として利用者へのサービスを提供するための運転資本として用いられ、利用者が資本（組合出資金）を提供するのは、投資としてではなく、組合員の義務の一部としてである。

③　通学していた者（卒業生など）の組合員資格

消費生活協同組合法・定款上は、現役の通学する者・勤務する者がともに組合員資格があるとされている。しかし、勤務していた者は引き続き組合員として認められうるが、通学していた者（卒業生など）は組合員として認められない。

④　共助を推し進めるための「非組合員の組合員化」

大学生協にとって、非組合員をどのように取り扱えばよいのかは悩ましい問題である。神戸大学生協においては、2012年3月時点で神戸大学学部学生の98.37％が組合員、1.63％が非組合員である。神戸大学生協は神戸大学からキャンパス内の福利厚生を委任されていて、98.37％の組合員も1.63％の非組合員もともに神戸大学の学部学生である。1995年 ICA 声明の「協同組合の7つの原則」のうちの1つ「コミュニティに対する関心（組合員とコミュニティの関係）」は「協同組合は組合員によって承認された政策を通じて、そのコミュニティの経済的、社会的、文化的な発展のために活動する。」というものであり、キャンパス・コミュニティ内の非組合員をどのように取り扱うかは組合員の意思次第であると解釈されうる。定款には非組合員利用の禁止規定はないが、消費生活協同組合法第12条第3項には例外はあるものの「組合は、組合員以外の者にその事業を利用させることができない。」と明文化されている。非組合員をどのように取り扱えばよいのかについては、1995年 ICA 声明、消費生活協同組合法、神戸大学生活協同組合定款、実態の間で齟齬があるが、本書のメッセージの1つは、国の形としては「共助（協同組合精神）」を採用すべきで、非組合員の組合利用はフリーライダー（ただ乗り）であり、日本の国の形を変えるために是正しなければならないのはこの種の「分捕り精神」「ただ乗り精神」であるというものである。実態では、非組合員の組合利用厳禁ということにはなっていないが、大学生協は、たんに組合事業運営のためにだけでなく、

国の形としての「共助（協同組合精神）」を推し進めるために、非組合員の組合員化をはかり、日本国全体のフリーライダー（ただ乗り）風潮を是正するように努めなければならない。

2　大学生協の組織：総（代）会、理事会

以下では、神戸大学生活協同組合（神大生協）の定款が、消費生活協同組合法第4章管理（役員（理事、監事）、理事会、代表理事、総会・総代会）にどのように対応しているのかを示す[3]。

消費生活協同組合法 vs. 定款：役員

第27条（役員の定数）第1項　「組合には役員として理事及び監事を置く。」

定款第18条（役員）は「この組合に次の役員を置く。①理事20人以上、25人以内、②監事3人以上、5人以内」と規定している。

第28条（役員の選挙）第1項　「役員は、定款の定めるところにより、総会（総代会を含む―引用者注）においてこれを選挙する。（後略）」

定款第19条（役員の選挙）第1項は「役員は、役員選挙規約の定めるところにより、総代会において選挙する。」、第2項は「理事は組合員でなければならない。ただし、特別の理由があるときは、理事の定数の3分の1以内のものを、組合員以外の者のうちから選挙することができる。」、第3項は「役員の選挙は無記名投票によって行い、投票は、総代1人につき1票とする。」とそれぞれ規定している。

第29条の2　（組合と役員との関係）

「組合と役員との関係は、委任に関する規定に従う。」

民法における「委任」は、当事者の一方（委任者）が法律行為をすることを相手方に委託し、相手方（受任者）がこれを承諾することであり、第29条の2を大学生協に適用すると、大学生活協同組合が委任者、役員（理事、監事）が受任者である。

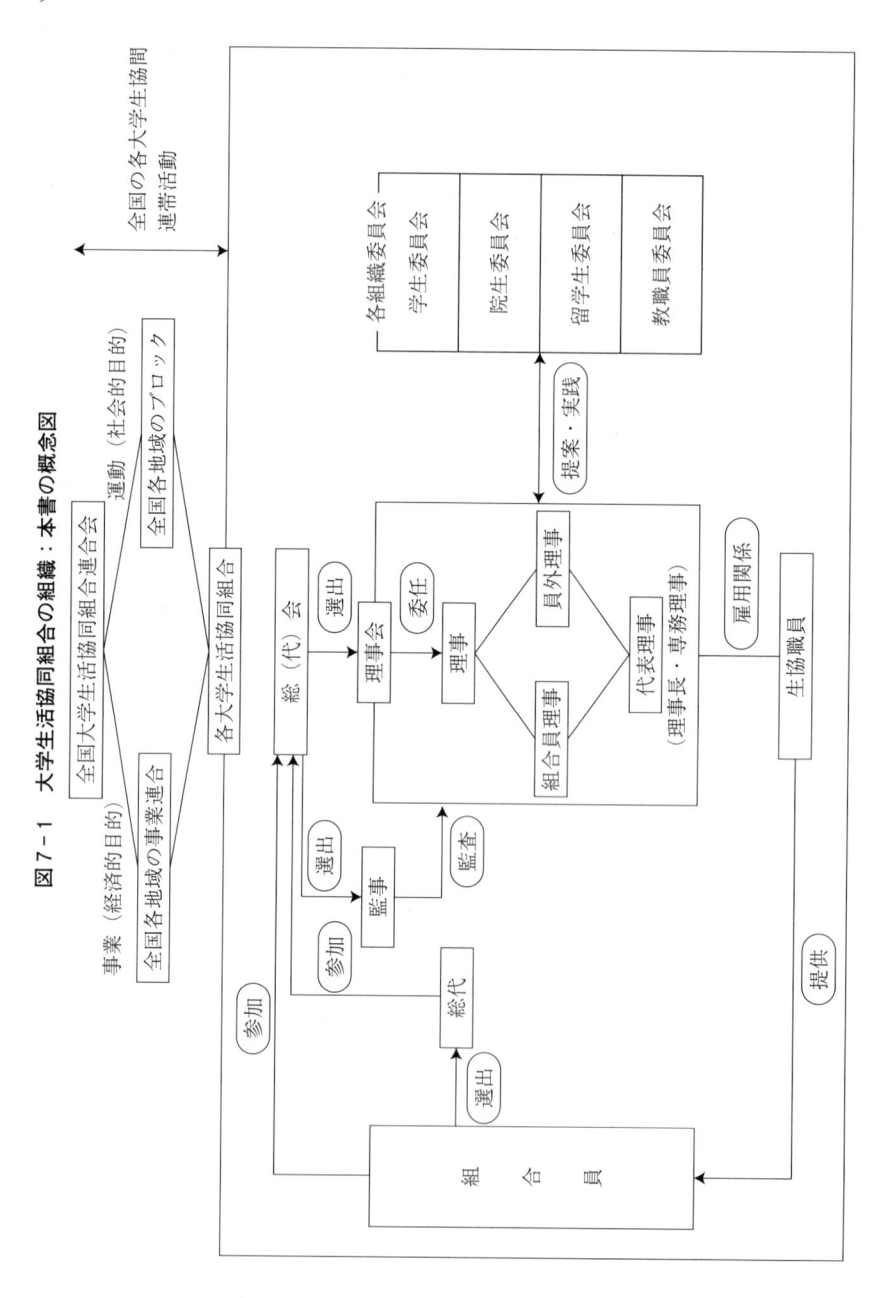

図7−1 大学生協同組合の組織：本書の概念図

第30条の3 （役員の職務及び権限等）
第1項
　「理事は、法令、定款及び規約並びに総会の決議を遵守し、組合のため忠実にその職務を行わなければならない。」
　定款第23条（役員の責任）第1項は「役員は、法令、法令に基づいてする行政庁の処分、定款及び規約並びに総代会の決議を遵守し、この組合のため忠実にその職務を遂行しなければならない。」と規定している。
第2項
　「監事は、理事の職務の執行を監査する。（後略）」
　定款第35条第1項は「監事は、理事の職務の執行を監査する。この場合において、法令で定めるところにより、監査報告を作成しなければならない。」と規定している。
第31条（役員の兼業禁止）
　「監事は、理事又は組合の使用人と兼ねてはならない。」
　定款第22条（役員の兼業禁止）は「監事は、次の者と兼ねてはならない。①この組合の理事又は使用人、②この組合の子会社等（子会社、子法人等及び関連法人等）の取締役又は使用人」と規定している。

消費生活協同組合法 vs. 定款：理事会
第30条の4
第1項　「組合は、理事会を置かなければならない。」
第2項　「理事会は、すべての理事で組織する。」
　定款第29条（理事会）第1項は「理事会は、理事をもって組織する。」と規定している。
第3項　「組合の業務の執行は、理事会が決する。」
　定款第29条（理事会）第2項は「理事会は、この組合の業務執行を決し、理事の職務の執行を監督する。」（後略）第31条（理事会の議決事項）は「この定款に特別の定めがあるもののほか、次の事項は、理事会の議決を経なければな

らない。
① この組合の財産及び業務の執行に関する重要な事項
② 総会及び総代会の招集並びに総会及び総代会に付議すべき事項
③ この組合の財産及び業務の執行のための手続その他この組合の財産及び業務の執行について必要な事項を定める規則の設定、変更及び廃止
④ 取引金融機関の決定
⑤ 前各号のほか、理事会において必要と認めた事項」とそれぞれ規定している。

消費生活協同組合法 vs. 定款：代表理事
第30条の9（代表理事）
第1項「理事会は、理事の中から組合を代表する理事（以下この章において『代表理事』という。）を選定しなければならない。」

　定款第27条（代表理事）第1項は「理事会は、理事の中からこの組合を代表する理事（以下『代表理事』という。）を選定しなければならない。」、第28条（理事長、専務理事及び常務理事）第1項は「理事は、理事長1人及び専務理事1人を理事会において互選する。また、常務理事若干名を理事会において互選することができる。」とそれぞれ規定している[4]。神戸大学生活協同組合では教員が理事長、「大学生協の業務に従事することを職業としている者」が専務理事であり、理事長と専務理事の2人が代表理事である[5]。
第2項「代表理事は、組合の業務に関する一切の裁判上又は裁判外の行為をする権限を有する。」

　定款第27条（代表理事）第2項は「代表理事は、この組合の業務に関する一切の裁判上又は裁判外の行為をする権限を有する。」と規定している。第28条（理事長、専務理事及び常務理事）第3項は「専務理事は、理事長を補佐してこの組合の業務を執行し、理事長に事故があるときは、その職務を代行する。」、第4項は「常務理事は、理事長及び専務理事を補佐してこの組合の業務の執行を分担し、理事長及び専務理事に事故があるときは、あらかじめ理事長の定め

た順序に従ってその職務を代行する。」、第5項は「理事は、理事長、専務理事及び常務理事に事故があるときは、あらかじめ理事会において定めた順序に従ってその職務を代行する。」とそれぞれ規定している。

消費生活協同組合法 vs. 定款：総会・総代会

第40条（総会の議決事項）

「次の事項は、総会の議決を経なければならない。

① 定款の変更
② 規約の設定、変更及び廃止
③ 組合の解散及び合併
④ 毎事業年度の事業計画の設定及び変更
⑤ 収支予算
⑥ 出資一口の金額の減少
⑦ 事業報告書並びに決算関係書類その他組合の財産及び損益の状況を示すために必要かつ適当なものとして厚生労働省令で定めるもの
⑧ 組合員の除名及び役員の解任
⑨ 連合会への加入又は脱退
⑩ その他定款で定める事項」

定款第56条（総代会の議決事項）第1項は「この定款に特別の定めがあるもののほか、次の事項は総代会の議決を経なければならない。

① 定款の変更
② 規約の設定、変更及び廃止
③ 解散及び合併
④ 毎事業年度の予算及び事業計画の設定及び変更
⑤ 出資一口の金額の減少
⑥ 事業報告書及び決算関係書類
⑦ 連合会及び他の団体への加入又は脱退」と規定している。

第47条（総代会）

第1項　「500人以上の組合員を有する組合は、定款の定めるところにより、総会に代わるべき総代会を設けることができる。」

　定款第43条（総代会の設置）は「この組合に、総会に代るべき総代会を設ける。」と規定している。第47条（総代の職務執行）は「総代は、組合員の代表として、組合員の意思を踏まえ、誠実にその職務を行わなければならない。」、第59条（議決権及び選挙権）は「総代は、その出資口数の多少にかかわらず、各1個の議決権及び選挙権を有する。」、第63条（組合員の発言権）は「組合員は、総代会に出席し、議長の許可を得て発言することができる。ただし、総代の代理人として総代会に出席する場合を除き、議決権及び選挙権を有しない。」とそれぞれ規定している。

第2項　「総代は、定款の定めるところにより、組合員のうちからこれを選挙する。」

　定款第45条（総代の選挙）は「総代は、総代選挙規約の定めるところにより、組合員のうちから選挙する。」と規定している。

第3項　「総代の定数は、その選挙の時における組合員の総数の10分の1（組合員の総数が1000人を超える組合にあつては、100人）以上でなければならない。」（後略）

　定款第44条（総代の定数）は「総代の定数は、100人以上150人以内において総代選挙規約で定める。」と規定している。

大学生協の組織についての本書のコメント：総（代）会、理事会

(1)　役員は一組合員としてではなく、組合員代表としての意見を出す

　理事・監事は大学生協の役員であり、神戸大学生活協同組合では理事・監事は総代会で選出される。組合員の中から選ばれる理事は「組合員理事」、組合員外から選ばれる理事は「員外理事」とそれぞれ呼ばれている。組合員理事は、組合員としての学生（学部生、大学院生、留学生）、教員、職員の中から選ばれているので、理事会の場では単に一組合員としての意見を述べるだけではなく、組合員代表としての意見を出すことが必要である。「監事は、理事の職務

の執行を監査する。」とあるが、「理事 vs. 監事」の関係は、理事が監査され、監事が監査するという対峙関係だけでなく、理事・監事はともに「組合員の経済的、社会的、文化的ニーズと願いを満たす」という共通の目的を有しているのである。

(2) 総（代）会は計画を立て、理事会は計画の実行を決める

大学生協の意思決定のための最高議決機関は組合員全員による総会であるが、神戸大学生活協同組合のような「500人以上の組合員」を有する大学生協は、組合員全員を集める総会を開催することは困難であるので、総会に代わるべきものとして、組合員の中から選出された代表（総代）から構成される総代会を設けている。総代会は、神戸大学生協の最高議決機関であり、定期的に開かれる総代会は通常総代会と呼ばれている。総代は組合員（理事会が定めた選挙区の組合員）の中から選出され、定款第47条は「総代は、組合員の代表として、組合員の意思を踏まえ、誠実にその職務を行わなければならない。」と規定している。総（代）会は計画を立て、理事会は総（代）会で立てられた計画の実行を決めるところである。神戸大学生協の定款には「理事会は、この組合の業務執行を決し、理事の職務の執行を監督する。」とあるが、理事会には「組合の業務に関する一切の裁判上又は裁判外の行為をする権限」を持つ代表理事、ある業務を執行する権限を理事会あるいは代表理事から与えられた理事（例えば、学生委員会委員長）、何らの執行権限を与えられていない理事がいて、「理事の職務の執行を監督する」とは、執行権限のあるなしにかかわらず、すべての理事が、執行権限が与えられている代表理事・理事を監督することである。

(3) 役職員の組合員に対するセフルハザードは起こりにくい

全国大学生協連は「生協職員は、理事会に雇用され、理事会の決定に従い、日常的に生協の運営・経営に従事します。生協の事業は、組合員が自らの生活の向上や改善のために多くの人たちと協力して行う事業ですから、組合員のなかで分担して日常の運営にたずさわることもあるでしょう。しかし、今日の複雑に発達した経済機構のもとでは、事業活動を専門的に担う職員の存在とその活動は欠くことができません。」と述べ、神戸大学生協の定款第42条（職員）

第1項は「この組合の職員は、理事長が任免する。」と規定している。定款の上では、理事会とは、役員（専務理事を含む）は委任（委任者・受任者）関係、生協職員は雇用関係にあるが、経済学の委任者・代理人関係（プリンシパル・エージェント関係）で言えば、理事会が委任者（プリンシパル）、生協職員が代理人（エージェント）である。つまり、生協職員は、理事会からの委任を受けて、組合員の経済的、社会的、文化的ニーズと願いを満たすことを目的として、活動（事業と運動）を行うのである。情報の経済学では、委任者・代理人間に情報の非対称性があるとき、代理人は委任者を犠牲にして自らの満足を高めようとするモラルハザード（倫理の欠如：背信行為）を引き起こすとされる。理事会を委任者、生協職員を代理人とする委任者・代理人関係では、協同組合精神は倫理性・道徳性を有しているので、生協職員の理事会、したがって組合員に対するモラルハザードは起こりにくいであろう。

3　大学生協の組織：組織委員会

組織委員会：根拠規定

組織委員会は「理事会のもとに設置される委員会であり、総代会・理事会で決めたビジョンとアクションプラン・年度計画等の実現のために、主体的にさまざまな人とつながり、協力し合いながら実践していく組合員集団。学生委員会、留学生委員会、院生委員会、教職員委員会などがある。主として生協職員が担う店舗等とともに、生協の部署の一つでもある。」（全国大学生活協同組合連合会『大学生協用語集』2011年12月）と説明されている[6]。

消費生活協同組合法・神戸大学生活協同組合定款には、組織委員会に関する明示的規定は見当たらないので、組織委員会の根拠規定はどこにあるのかと大学生協関係者に質問すると、組織委員会の根拠規定（法律、定款、規約など）を1つの条文だけで示すのは難しく、「組合の業務の執行は、理事会が決する。」（消費生活協同組合法第30条の4（理事会の権限等）第3項）、「代表理事は、定款又は総会の決議によつて禁止されていないときに限り、特定の行為の

代理を他人に委任することができる。」(消費生活協同組合法第30条の9 (代表理事) 第4項)、「この会の財産及び業務の執行に関する重要な事項」(全国大学生協連定款第31条 (理事会の議決事項) 1) などにもとづく理事会での議決・組織図の確認などが根拠規定になるとの回答があった。すなわち、組織委員会の組織上の根拠は「組合の業務に関する一切の裁判上又は裁判外の行為をする権限」を持つ代表理事が特定の行為の代理を他人 (組織委員会委員) に委任したものと解釈される[7]。

組織委員会の活動基準

全国大学生活協同組合連合会 (以下、全国大学生協連と略称) には「学生委員会活動基準」「教職員委員会活動基準」「院生委員会活動基準」「経営委員会活動基準」「留学生委員会活動基準」「プロジェクト運営委員会活動基準」といった、組織委員会の活動基準が定められている。

学生委員会、院生委員会、教職員委員会、経営委員会、留学生委員会、プロジェクト運営委員会などは理事会規定第8条にもとづいて、全国大学生協連定款第3条第1項から第9項に関わる事業を円滑に行うために、設置されたものである。ちなみに、全国大学生協連定款第3条 (事業) 第1項から第9項とは、「第3条 この会は、第1条の目的を達成するため、次の事業を行う。①会員 (各大学生協—引用者注) の指導及び連絡並びに調整、②会員以外の各種協同組合及び国際協同組合諸組織ならびに教職員・学生諸団体との連絡及び渉外、③会員の構成員である組合員の生活の改善及び文化の向上を図るための事業、④会員の構成員である組合員及び役職員に対する組合事業に関する知識の向上を図る事業、⑤会員の事業に必要な調査研究及び一般的情報を提供する事業、⑥会員の事業に必要な物資を購入し、これを加工し、若しくは加工しないで、又は生産して会員に供給する事業、⑦会員並びに会員の構成員である組合員及び役職員の生活に有用な施設を設置し、利用させる事業、⑧会員の構成員である組合員のための旅行業法に基づく旅行事業、⑨前各号に附帯する事業」である。

上記の組織委員会活動基準について、2つのコメントをしておく。
① 組織委員会活動基準と大学生協の「事業 vs. 運動」
「学生委員会活動基準」「教職員委員会活動基準」「院生委員会活動基準」「経営委員会活動基準」「留学生委員会活動基準」「プロジェクト運営委員会活動基準」のすべての第1条（目的）が「（全国大学生協連の―引用者注）定款第3条第1項から第9項に関わる事業を円滑に行うため、理事会規定第8条にもとづき本委員会を設置する。」であり、同じである。レイドローは、協同組合の事業性格を事業目的により「経済的目的」と「社会的目的」と呼んで整理しているが、私の大学生協論では、経済的目的（経済的）事業を「事業」、社会的目的（非経済的）事業を「運動（活動）」とそれぞれ呼んでいる。消費生活協同組合法第9条は「組合は、その行う事業によつて、その組合員および会員に最大の奉仕をすることを目的とし、営利を目的としてその事業を行つてはならない。」と規定しているが、同規定は経済的目的事業と社会的目的事業の区別を行うことなく、事業全体が営利を目的としたものであってはならないとしている。しかし、レイドローに従えば、協同組合の存続のためには、事業（経済的目的事業）で利益を稼ぎ、稼いだ利益を運動（社会的目的事業）で使い、事業と運動をバランスよく行うことが重要であるとされる。しかし、全国大学生協連定款第3条第1項から第9項に関わる事業は、レイドローの経済的目的事業（事業）と社会的目的事業（運動）の区別を行っていないので、各組織委員会活動基準上では、組織委員会が事業と運動の両方を担うことになっている[8]。

大学生協は「何が事業で、何が運動であるのか」をつねに意識し、それぞれの収支の数字をつかみながら、事業と運動のバランスをはかるべきである。事業と運動のバランスをはかるためには、それぞれを管理する担当者がいなくてはならない。組織委員会活動基準には、運動の担い手である各組織委員会それぞれが何のために、何を、どのように行うのかを明示的に規定すべきである。
② 組織委員会活動基準と事業・運動のコーディネーション
大学生協の定款は一般に「理事会は、この組合の業務執行を決し、理事の職務の執行を監督する。」と規定し、大学生協関係者は、理事会のもとで設置さ

れた組織委員会の目的は理事会の目的と同一であるべきで、各組織委員会の目的が同一であることは不思議ではないと認識している。各組織委員会基準の委員会の構成・任命、任務の条項を見ると、各組織委員会の特徴は識別されうる。大学生協関係者の認識とは異なるかもしれないが、各組織委員会活動基準を読む限りでは、私には学生委員会、院生委員会、留学生委員会、教職員委員会は運動の担い手、経営委員会は事業の担い手であると見え、プロジェクト運営委員会は、学生委員会、院生委員会、留学生委員会、教職員委員会からの委員と、経営委員会からの委員などから構成されているので、これは組合員と「生協の業務に従事することを職業とする者（専務理事など）」の連絡機関であり、事業と運動の調整機関であると見える。本書のメッセージの１つは、大学生協が事業・運動のどんぶり勘定で利益（剰余）ゼロであればよいことを口実にして、「事業の低効率ゆえの低利益、低い事業利益ゆえの低運動」と「事業の高効率ゆえの高利益、高い事業利益ゆえの高運動」といった２つのどんぶり勘定での利益ゼロを混同してはならないことであり、大学生協は「何が事業で、何が運動であるのか」をつねに意識し、それぞれの収支の数字をつかみながら、事業と運動のバランスをはかるべきであることである[9]。

組織委員会のアイデンティティと役割：本書のコメント
① 組織委員会と大学生協組合員の特徴

大学生協は、大学キャンパス内にいる人々（大学構成員）の経済的、社会的、文化的なニーズと願いに応えるために設立・運営されている専門化した協同組合であるが、ノォーク［1935］は、「この専門化は組合員の間の最も完全な団結を促し、またしばしば団結を獲得するための必要な方法であると言ってよいであろう。この団結は、当然のことながら、共同の事業によって備わっているさまざまな機能が、すべての組合員の共通の要求に合わなくなったときには、うまく保障されなくなる。」（訳書p.33）と述べ、協同組合の正常かつ健全な進歩のための条件の一つは組合員の経済的同質性であると論じている。大学生協の構成員は学生（学部生、大学院生、留学生）、教員、大学職員、生協職員

からなっているが、本来の利害がこれだけ異なる構成員からなっている組織は他にないと思われる。すなわち、大学生協の特徴の1つは組合員の経済的異質性であり、組合員の間のコーディネーション（協調）を図ることが大学生協存続・発展の条件の1つであることである。学生委員会、院生委員会、留学生委員会、教職員委員会といった、学部生、大学院生、留学生、教員・職員それぞれの組合員集団としての組織委員会は、すべて学生（学部生、大学院生、留学生）の経済的、社会的、文化的なニーズと願いに応えるためにだけ機能しているように思えるが、それでよいのであろうか。教職員の組合加入率が低いのは、教員、大学職員の経済的、社会的、文化的なニーズと願いに十分応えていないからではなかろうか。経済的異質性を有する大学生協構成員・組合員の間のコーディネーション（協調）を図るためには、すべての組織委員会が機能することが重要である。

② 組合員集団としての組織委員会の役割

大学生協の組合員には学生（学部生、大学院生、留学生）、教員、職員といった学内構成層がいて、学部生、大学院生、留学生、教員、職員の間には利害の対立はときには生じ得る。組織委員会には、学部生、大学院生、留学生、教員・職員それぞれの組合員集団として学生委員会、院生委員会、留学生委員会、教職員委員会があり、各組織委員会は、1つには学内の各階層それぞれの問題に取り組み、もう1つにはそれぞれの役割を発揮して、学内のすべての組合員の経済的、社会的、文化的ニーズと願いを、他の組織委員会と協同して満足するようにしている。組織委員会をサークルの一種とみなす組合員もいるが、組織委員会は自己実現のための組織にとどまらず、すべての組合員に対して責任を有する理事会のもとで設置された委員会であることを理解しておかなければならない。

③ 組織委員会と大学生協の「事業 vs. 運動」

大学生協が事業・運動のどんぶり勘定で利益（剰余）ゼロであればよいことを口実にして、「事業の低効率ゆえの低利益、低い事業利益ゆえの低運動」と「事業の高効率ゆえの高利益、高い事業利益ゆえの高運動」といった2つのど

んぶり勘定での利益ゼロを混同してはならない。大学生協にとっては事業と運動は代替関係ではなく、補完関係にあるものであり、大学生協は「何が事業で、何が運動であるのか」をつねに意識し、それぞれの収支の数字をつかみながら、事業と運動のバランスをはかるべきである。

　大学生協の活動には事業と運動の2つがあり、大学生協の事業は民間企業と大差ないが、運動は民間企業にはないものであり、その意味で、運動は大学生協のアイデンティティである。私は、現在の大学生協組織では、事業の担い手は各大学生協の事業担当者、各地区事業連合、運動の担い手は各大学生協の組織委員会（学生委員会、院生委員会、留学生委員会、教職員委員会）、各地区ブロックであると認識しているが、大学生協関係者は事業と運動を区別していないので、消費生活協同組合法・神戸大学生活協同組合定款には、「組織委員会」という文言すら見当たらない。大学生協関係者の認識の中では、組織委員会は、事業執行のための食堂と同様の一部署なのであり、組織委員会が運動の担い手として、大学生協のアイデンティティを具現化する特別なものであるとの理解はない[10]。

　組織委員会を事業執行のための食堂と同様の一部署とみなすだけであるならば、「当然のことであり、わざわざ組織委員会を定款で定めなくてもいいだろう」といった行政庁の論理は理解できるが、私は、組織委員会の「運動」が大学生協のアイデンティティの1つであることを考えれば、組織委員会を全国大学生活協同組合連合会定款、各大学生協定款で明文化することが望ましいと思っている。食堂といった事業と、組織委員会といった運動の担い手をともに「生協の業務執行等のための一部署」として一括取り扱いをすることは、大学生協の活動には事業と運動の二面性があり、運動が大学生協のアイデンティティであることを不明瞭にさせてしまう。運動は大学生協のアイデンティティであるので、運動の担い手である組織委員会を、一括ではなく、学生委員会、院生委員会、留学生委員会、教職員委員会ごとに明文化した規定を作るべきである。定款や規則で組織委員だけを規定しても機能せず、学生委員会、院生委員会、留学生委員会、教職員委員会それぞれが何のために、何を、どのように行

④　組織委員会と各大学生協間連帯

　組織委員会のアイデンティティは、各大学生協内の組合員集団であるだけにとどまらず、他の大学生協の組織委員会と連帯を行っていることであり、その役割は連帯活動から得られた知見をそれぞれの大学生協組合員のために役立てることである。

4　大学生協の連帯活動

結合体：各大学生協、各地区事業連合・ブロック、全国大学生協連・大学生協共済連

　各大学生協は第一次の協同組合的結合体、地域レベルでの連合体（事業連合、ブロック）は第二次の協同組合的結合体、全国レベルでの連合体（全国大学生活協同組合連合会、全国大学生協共済生活協同組合連合会）は第三次の協同組合的結合体である。各大学生協は連帯することにより、規模の経済（例えば、大量購入による安価仕入れ）と範囲の経済（多様性の経済）を享受できる。

　全国大学生協連は、大学生協の連帯活動について、「大学生協の場合、一つひとつの生協は小さく組合員の数が限られているため、1つの生協だけではできないこともたくさんあります。そのために大学生協は全国大学生活協同組合連合会、ブロック（支部）、事業連合、全国大学生協共済生活協同組合連合会といった連帯組織をつくっています。たくさんの大学生協が力を合わせることでより大きな事業を行うことができ、またそれぞれの生協の経験を学び合うこともできます。」と説明している。フォーケ［1935］は、「地域協同組合が、その上のより高次の組織に上向していくとすれば、連合組織は、ちょうど各地域組合が、その組合員のため、組合員のコントロールの下で活動するのと同様に、地域社会の協同組合のために、地域の協同組合の管理の下に活動することを意味する。」（訳書 p.57）と述べている。すなわち、大学生協の連帯活動とは、各大学生協がその組合員のため、組合員のコントロールの下で活動するのと同

様に、全国大学生活協同組合連合会・全国大学生協共済生活協同組合連合会が、各大学生協のため、各大学生協のコントロールの下で活動することを意味する。

「各大学生協―事業連合・ブロック―全国大学生活協同組合連合会・全国大学生協共済生活協同組合連合会）」といった系列を通じて、大学生協組織は、官民セクターに見られると同様な上から下への垂直的展開を行っている。これに関して、フォーケ［1935］は、「非常に数が多くて非常に小さい経済単位を結集することが、協同組合的統合の特徴である。」（訳書 p.40）と述べ、「協同組合間協同関係がつくられると、もろもろの道徳的秩序の要素がさまざまの形をとり、常に分かりやすく再現するのである。共同の努力によってきたえられた協同組合の連鎖を通じて流通する物資は、もはや単なる経済的価値、非人格的物財を表現するものではない。（中略）彼らの間には、お互いの取引における公平と互恵のルール、および生活と労働の条件の尊重を受け入れるようになっていく感性の共同体が形成されるのである。かくして協同組合間協同関係は『公正価格』『公正賃金』という古い道徳的観念に新しい生命を与えることになる。すべての協同組合的発展と同様に、それは、経済的なもの、に対する社会的なものの優位を再建することに手を貸すことにもなる。」（訳書 p.46）と論じている[11]。

大学生協関係者は経済的目的事業（事業）と社会的目的事業（運動）の区別を行っていないので、大学生協関係者の認識との相違はあるかもしれないが、私は大学生協の連帯活動について、事業の連帯は主として「各大学生協―各地区事業連合―全国大学生活協同組合連合会・全国大学生協共済生活協同組合連合会」、運動の連帯は主として「各大学生協―各地区ブロック（支部）―全国大学生活協同組合連合会」であるとみなしている。

ブロック規約

各大学生協が加入して全国大学生協連が作られ、地域的連帯活動の実情に即して全国大学生協連の総会で支部（ブロック）が定められている[12]。ブロックの根拠規定は、「この会は、規約の定めるところにより地方ごとに支部をおく

ことができる。」（全国大学生活協同組合連合会定款第5条（事務所の所在地）第2項）と、これにもとづく「ブロック規約」であり、定款の「支部」は一般には「ブロック」と呼称されている[13]。

　ブロック規約は、2010年8月の全国大学生協連臨時総会で改定され、ブロック規約第4条（ブロックの役割）は、以下のように規定している。

　「ブロックは、定款（全国大学生活協同組合連合会定款の第1条（目的）―引用者注）に定める『平和な社会をめざし、共同互助の精神にもとづき、民主的運営によって全国の大学生協・事業連合及び大学生協共済連の事業を育成指導し、学生・院生及び教職員の生活の改善向上をはかり、豊かな学園生活を実現する』という会の目的を当該地域において推進し、大学生協活動の総合的発展に寄与するために、次の役割を果たす。

① 　（全国大学生協連の―引用者注）総会及び理事会の決定を地域において具体化し推進する。
② 　学生をはじめとする会員（全国大学生協連の会員、つまり各大学生協―引用者注）の理事・監事・組織委員（組織委員会委員―引用者注）・生協職員等の自主的な参加と交流を支援し、学びあい・励ましあいの場をつくる。
③ 　会員への総合的な支援・指導を行う。
④ 　理事、監事、組織委員、生協職員等の成長を育む。
⑤ 　行政、各種生協、友誼団体、学生等による非営利組織、その他の団体等とのつながりを強化する。
⑥ 　会（全国大学生活協同組合連合会―引用者注）の運営や意思決定への会員の役職員の参画を促す。
⑦ 　大学生協のない大学の構成員に大学生協の魅力を伝え、生協設立を支援する。
⑧ 　会員への総合的支援を促進するために、事業連合との一体的な運営に努め、事業連合のもつ事業・経営機能をブロックの活動に生かす。」

　地域においては、組織としての事業連合とブロックは区別されているが、大学生協関係者は事業・運動を一括しているので、ブロック規定にも「全国の大

学生協・事業連合及び大学生協共済連の事業を育成指導し」という文言が出てくる。しかし、大学生協関係者の認識とは異なるかもしれないが、上記のブロック役割には、ブロックが運動の担い手であるという匂いがしているように思える。

ブロック運営規則

「ブロック運営規則」第8条（各種委員会、会議、会合等）は、以下のことを規定している。

第1項 「ブロック運営委員会のもとに、階層別又は分野別の委員会、その他の会議、会合等（以下、「各種委員会等」という。）を設け、又は実施することができる。」

第2項 「各種委員会等の設置及び廃止、実施等は、ブロック運営委員会が決する。」

第3項 「各種委員会等の委員を委嘱する必要があるときは、ブロック運営委員会が行う。」

第4項 「各種委員会等の運営は、ブロック運営委員会が指名した者が行う。」

5　大学生活協同組合のアイデンティティ：理念と役割

大学生協の使命とビジョン

全国の大学生活協同組合は、第50回通常総会（2006年12月16日）で「21世紀を生きる大学生協のビジョンとアクションプラン」を決定している[14]。

大学生協の「使命」として、次の4つが挙げられている。

① 学生・院生・留学生・教職員の協同で大学生活の充実に貢献する。
② 学びのコミュニティとして大学の理念と目標の実現に協力し、高等教育の充実と研究の発展に貢献する。
③ 自立した組織として大学と地域を活性化し、豊かな社会と文化の展開に貢献する。

④　魅力ある事業として組合員の参加を活発にし、協同体験を広めて、人と地球にやさしい持続可能な社会を実現する。

大学生協の「ビジョン」として、次の8つが挙げられている。

①　協同の力で豊かなキャンパス生活を創造する大学生協
②　協同をつうじて自由なコミュニケーションを促す大学生協
③　大学に協力して高等教育と研究の発展に貢献する大学生協
④　自らも学びのコミュニティとして教育と研究に協力する大学生協
⑤　自立した事業組織として大学とその周辺社会を活性化する大学生協
⑥　自立した魅力ある事業の展開で、豊かな社会と文化の展開に貢献する大学生協
⑦　組合員の参加を活発にし、協同体験を広めて、人と地球にやさしい持続可能な社会をつくる大学生協
⑧　組合員の参加をふまえた運動組織として、国際交流と平和に貢献する大学生協

大学生協の使命とビジョンについて、次のコメントをしておく。

①　"協同組合らしさ"を有する方法で満たす

　4つの使命を設定すること自体で、大学生協の体をなしていると判断するのは誤りである。これらの使命のうち①、④を除いては、他の形態の経済・社会・文化組織でもなしうるのであり、使命の設定内容に大学生協のアイデンティティがあるわけではない。使命の設定内容に"大学生協らしさ"を求め、目標の"大学生協らしさ"に満足してはいけない。たしかに、大学生協らしさを漂わせる使命・目標はあるであろうが、第一義的使命・目標はあくまでも組合員の経済的・社会的・文化的ニーズと願いを満たすことである。大学生協のアイデンティティは、協同組合民主主義（一人一票）プロセスで決定される組合員の経済的・社会的・文化的ニーズを、"協同組合らしさ"を有する方法で満たすことである。

②　「協力」は大学生協のアイデンティティではない

　協同組合組織のアイデンティティは自助、自己責任、民主主義、平等、公平、

連帯といった6つの価値（"大学生協らしさ"）に基づいた方法で、組合員の経済的・社会的・文化的ニーズと願いを満たすことである。8つのビジョン（「少し遠い目標」）は大学生協のアイデンティティである、「協同の力で」「協同をつうじて」「自立した事業組織として」「参加」といった目標（使命、ビジョン）達成のための"大学生協らしい"方法を明示している。「協力」は民間企業でも行っているので、③、④は大学生協のアイデンティティではない。

注
1) 年度末に組合員が提示したレシートによって利用分量割戻しを行っていた大学生協があった。
2) フォーケ［1935］は、「簡素化という実際的な理由と、またおそらく大家族に負担がかかるため、消費協同組合は、各組合員にただ同一の出資金を要求する。しかし、組合の積立金に当てられる剰余金の割合は、利用高配当としての分配にあてられる額から差し引かれたものであることに留意されるべきである。したがって各組合員は、組合に関して行われた事業の割合に比例して、組合積立金の蓄積に貢献しているのである。」（訳書 p.80）と述べている。
3) 総（代）会、理事会、代表理事、監事の4つは「生協の機関」と呼ばれている。
4) 消費生活協同組合法は「役員（理事・監事）」と「使用人」を分け、使用人は「理事の命にもとづき業務に従事する者」と定義され、大学生協では生協職員がこれにあたる。専務理事は生協職員から選ばれることが一般であるが、専務理事になれば、「使用人（生協職員）」ではなく「役員（理事）」とみなされ、この意味で、全国大学生協連合会は「大学生協の業務に従事することを職業としている専務理事」と呼んでいる。大学生協の理事会とは、役員（専務理事を含む）は委任（委任者・受任者）関係にあるが、生協職員は雇用関係にある。ただし、専務理事は総代会に提出する議案書では生協職員に分類されている。
5) 現在の阪神事業連合では、理事長はすべて教員であり、専務理事は高野山大学・大阪千代田短大を除いてすべて「大学生協の業務に従事することを職業としている者」である。しかし、非常勤の教員が専務理事になる大学生協は珍しくなく、以前は学生理事のリーダー格が専務理事になることもあった。
6) 消費生活協同組合法は「役員（理事・監事）」と「使用人」を分け、使用人は「理事の命にもとづき業務に従事する者」と定義され、大学生協では生協職員のみならず、形式的には、組織委員（組織委員会の委員）もこれにあたる。
7) ただし、定款に「職員」や「顧問」等とともに「委員」「組織委員」などの条を置き、

「この組合の委員は、理事長が任免する。委員は、理事会の議決にもとづき理事の業務執行を補佐する。組織委員の職務、任期等に関する必要な事項は別に規則で定める。」などのような定めをおいている大学生協はある。また、定款の「実施規則」の条（（前略）業務の執行のための手続き（中略）について必要な事項は、規則で定める）にもとづき、組織委員会規則等を設けている大学生協もある。

8) 大学生協の実態は、事業・運動あるいは事業部門・運動部門のどんぶり勘定で運営され、事業部門が運動を行ったり、逆に運動部門が事業を行ったりしている。事業部門が運動を行っている例は「生協職員が店舗で行っている食事提供により食生活改善提案を行っている」、運動部門が事業を行っている例は「学生委員会が共済の加入促進を担っている」である。

9) ブロック規約は「会員への総合的支援を促進するために、事業連合との一体的な運営に努め、事業連合のもつ事業・経営機能をブロックの活動に生かす。」と規定し、事業と運動の一体的な運営に努めるとしているが、事業と運動を明瞭に区別してからの一体運営を行うべきである。

10) ただし、全国大学生協連は「日常的には事業経営は職員が行い、その他の組合員活動は理事・組織委員会などが中心となっている場合が多い。」と述べ、大学生協関係者は事業と活動（運動）のちがいを認識しているようにも見える。

11) 各地域の支部（ブロック）には、全国大学生協連専務理事の直属の部下として、ブロック事務局長等の生協職員がいる。また、支部の財政は法人としての全国大学生協連の費用で賄われている。

12) 全国10地域それぞれのブロック（支部）とは、北海道、東北、東京、東海、北陸、京滋・奈良、大阪・和歌山、神戸、中国・四国、九州ブロックの各ブロックである。

13) 「規約」とは一般には「定款で、『規約で定める』と明記している重要なもの」か「定款では定めていないが、会員の権利義務に直結する重要な事項を扱い、総会で定める」とされている。

14) 大学生協は、「『現在』との対比において、自分が本来何であるか、何でなければならないか、を意識すること、それが『使命』」「使命と現在との距離において、今はこうでも、これから先もっともっと本来の自分に近づいていきたいという気持ち、それらを言葉にしたものが『ビジョン』」「ビジョンに近づくために『具体的にどう行動したらそれに近づけるか』を言葉にしたものが、『アクションプラン』」というふうに、使命、ビジョン、アクションプランの用語を定義している。

第8章　大学生活協同組合の「事業 vs. 運動」

1　協同組合の「経済的目的の事業 vs. 社会的目的の運動」

レイドローによる協同組合の2つの目的：経済的目的 vs. 社会的目的

　協同組合は、組合員共通の経済的、社会的、文化的なニーズと願いを満足させることを目的としているが、それが他の組織と異なるのは、みずからが事業経営を行って、組合員のニーズと願いを満たすことである。

　レイドローの『西暦2000年における協同組合（レイドロー報告）』［1980］は、協同組合の事業性格を事業目的により「経済的目的」「社会的目的」と呼んで整理しているが、私の大学生協論では経済的目的（経済的）事業を「事業」、社会的目的（非経済的）事業を「運動（活動）」とそれぞれ呼んでいる。

　レイドロー［1980］は、株式会社は経済的目的事業だけを行っているが、協同組合は経済的目的事業だけでなく社会的目的事業も行っていると指摘し、「協同組合が、経済的および社会的目的をもっているとはいえ、それは第一義的には経済的存在であり、存続するためには企業として成功しなければならない。商業上の意味で失敗した協同組合は、特に事業を閉鎖しなければならないような場合には、社会的分野における積極的な影響力とはなりえない。このように経済的目的と社会的目的はコインの裏表であるが、健全な事業体としての生存能力が第一義的な要求とならなければならない」(p.100)「社会的使命には大きな力点をおくが、健全な事業慣行を軽視する協同組合はおそらくすぐに解体するだろう」(p.101)「まったく企業的であり、社会的目的をもたない協同組合は、他の協同組合よりも長く存続するかも知れないが、徐々に弱体化し、

長期的には崩壊するだろう。」(p.101)「ここで必要とされることは、組織全体における常識的なバランスであり、経済と社会、事業経営と理想主義、プラグマチックな経営者とヴィジョンをもった素人の指導者の混合である。」(pp.101-102) と述べている。すなわち、協同組合の存続のためには、事業（経済的目的事業）と運動（社会的目的事業）の両方をバランスよく行うことが肝要であり、事業に失敗した（剰余金を生まなかった）協同組合は運動を行えないので"徐々に弱体化し、長期的には崩壊するだろう"、また、運動ばかりに専心している協同組合は事業を軽視し、"すぐに解体するだろう"と論じている。

上記のレイドローを踏まえた、大学生協の経済性・社会性の二面性の議論に関して、以下の2つのコメントをする

① 経済的目的事業（事業）と社会的目的事業（運動）はともに組合員のため

消費生活協同組合法第10条「事業の種類」、神戸大学生活協同組合定款第3条「事業」のいずれも、経済的目的事業と社会的目的事業の区別を行っていない。レイドローの経済的目的事業はプラスの利益をもたらしうる事業、社会的目的事業はマイナスの利益をもたらす事業をそれぞれ意味していると思われる。すなわち、経済的目的事業は収支適合的である事業、社会的目的事業は収支適合的でない事業である。しかし、大学生協にとっては、プラスの利益をもたらしうる事業、マイナスの利益をもたらす事業であっても、事業対象は同じ組合員である。

② 2つの利益ゼロ：低利益・低水準運動 vs. 高利益・高水準運動

消費生活協同組合法第9条は「組合は、その行う事業によつて、その組合員および会員に最大の奉仕をすることを目的とし、営利を目的としてその事業を行つてはならない。」と規定しているが、同規定は経済的目的事業と社会的目的事業の区別を行うことなく、事業全体が営利を目的としたものであってはならないとしている。しかし、レイドローに従えば、協同組合の存続のためには、事業（経済的目的事業）で利益を稼ぎ、稼いだ利益を運動（社会的目的事業）で使い、事業と運動をバランスよく行うことが重要であるとされる。何をもっ

て「営利性」があるとするのかについては、「構成員に対して利益を分配する（利益分配基準説）」と「利潤の獲得を目的として事業活動を行う（事業目的基準説）」の２つがあり、この意味での営利性は協同組合にはあると思う。大学生協が事業・運動のどんぶり勘定で利益（剰余）ゼロであればよいことを口実にして、「事業の低効率ゆえの低利益、低利益ゆえの低水準運動」と「事業の高効率ゆえの高利益、高利益ゆえの高水準運動」といった２つのどんぶり勘定での利益（剰余）ゼロを混同してはならない。大学生協にとっては、事業と運動は代替関係ではなく、補完関係にあるものであり、大学生協は「何が事業で、何が運動であるのか」をつねに意識し、それぞれの収支の数字をつかみながら、事業と運動のバランスをはかるべきである。

2　大学生協の２つの活動：事業と運動

神戸大学生活協同組合の事業：「定款」第３条（事業）

神戸大学生活協同組合の定款第３条（事業）は、「協同互助の精神に基づき、組合員の生活の文化的経済的改善向上を図る」ために、次の事業を行うことを規定している。

① 組合員の生活に必要な物資を購入し、これに加工し又は生産して組合員に供給する事業
② 組合員の生活に有用な協同施設を設置し、組合員に利用させる事業
③ 組合員の生活の改善及び文化の向上を図る事業
④ 組合員の生活の共済を図る事業
⑤ 保険代理に関する事業
⑥ 組合員及び組合従業員の組合事業に関する知識の向上を図る事業
⑦ 組合員のための旅行業法に基づく旅行業に関する事業
⑧ 組合員のための宅地建物取引業法に基づく宅地建物取引業に関する事業
⑨ 前各号の事業に附帯する事業

　定款第３条「事業」は経済的目的事業（事業）と社会的目的事業（運動）の

区別を行っていないが、上記の①②④⑤⑦⑧は収支適合的である事業（事業）、⑥は収支適合的でない事業（運動）とそれぞれ分類できるように思える。経済的目的事業はプラスの利益をもたらしうる事業、社会的目的事業はマイナスの利益をもたらす事業であり、大学生協の運営は、①②④⑤⑦⑧で利益を得て、その利益を⑥に注入して、全体として利益ゼロ（つまり、利益はすべて組合員に還元する）である。

同定款第68条（事業の品目等）は、以下のように、上記事業内容を詳しく規定している。
① 「組合員の生活に必要な物資」とは、書籍、教育機器、学用品、文房具、電気製品、家具、衣料品、皮革製品、化粧品、日用雑貨品、運動用具品、楽器、写真用品、写真処理サービス、コピー、時計、飲料、食料品、葉書・切手類、酒、プレイガイド斡旋物資などである。
② 「組合員の生活に有用な協同施設」とは、食堂及び喫茶などである。
③ 「組合員の生活の共済を図る事業」とは、全国大学生協共済生活協同組合連合会が行う生命共済事業および火災共済事業の業務の一部を受託する受託共済事業のことである。
④ 「保険代理に関する事業」とは、共栄火災海上保険株式会社の自動車損害賠償責任保険のことである。

大学生協の「事業と運動」
① 大学生協の事業の目的：株式会社は利潤、大学生協は利用者要求の満足

株式会社においては、利用者（事業の利用者）の要求を満足させることは、企業の活動の条件ではあるかもしれないが、事業の目的ではない。株式会社は、利潤獲得のために、利用者の要求をたんに利用しているだけである。大学生協においては、利用者（組合員）によって期待されるサービスの提供が、事業（経済的目的事業）の目的である。
② 非営利の意義：非営利は社会全体にとって良いことなのか

本書のメッセージの1つは、大学生協が事業・運動のどんぶり勘定で利益

（剰余）ゼロであればよいことを口実にして、「事業の低効率ゆえの低利益、低利益ゆえの低水準運動」と「事業の高効率ゆえの高利益、高利益ゆえの高水準運動」といった２つのどんぶり勘定での利益ゼロを混同してはならないことである。レイドローの経済的目的事業はプラスの利益をもたらしうる事業、社会的目的事業はマイナスの利益をもたらす事業をそれぞれ意味している。「民間企業 vs. 大学生協（協同組合）」を問題にするとき、民間企業はプラスの利益をもたらしうる経済的目的事業（事業）のみで、事業からのプラス利益の最大化をめざしているが、大学生協はプラスの利益をもたらしうる経済的目的事業（事業）とマイナスの利益をもたらす社会的目的事業（運動）の両方を行い、事業で利益を得て、その利益を運動に注入して、全体として利益ゼロ（つまり、利益はすべて組合員に還元する）である[1]。

利益が正常利潤であれば、利益は美しいものであり、民間企業が過去最高の利益をあげたとき、その民間企業は過去最大の社会貢献をしたものと自画自賛するであろう。経済事業体の正常利潤がゼロであることを「非営利」と呼んで、自慢することは大きな勘違いである。「大学生協を非営利とみなす」真の意味は、大学生協が事業で"美しい利潤"をあげ、その"美しい利潤"を原資として運動を行い、合計で、組合員の経済的、社会的、文化的ニーズと願いを満たすことである。もし「大学生協を非営利とみなす」ことを、大学生協が事業で利益をあげなくてもよいと解釈するならば、大学生協がお金の裏付けを必要とする運動を行うことができないことを意味する。そして、さらに言えば、営利・非営利は組織内の話であり、大学生協が合計で非営利をめざしているとしても、それをもって組織外（社会）貢献とみなすことはできない。つまり、非営利であることだけをもって自慢できるのではなく、大学生協の社会貢献は事業・運動の公共性に求められる。

③ 結合体と事業体の完全分離

組合員制度こそが大学生活協同組合の生命線である。協同組合は、本質的に「人と人の結合体」であって、「事業体」を通じて組合員の経済的、社会的、文化的ニーズと願いを満たしている。しかし、競争社会の中で、協同組合が私企

業化するようになると、結合体と事業体は完全に分離され、協同組合のアイデンティティを欠くことになってしまう。

3 大学生協の事業を見る眼：経営分析指標

神戸大学生活協同組合の会計制度：定款

神戸大学生活協同組合の定款には、以下のような会計に関する規定がある。

第69条（事業年度）

「この組合の事業年度は、毎年3月1日から翌年2月末日までとする。」

第72条（法定準備金）第1項

「この組合は、出資総額の2分の1に相当する額に達するまで、毎事業年度の剰余金の10分の1に相当する額以上の金額を法定準備金として積み立てるものとする。（後略）」

第73条（教育事業等繰越金）第1項

「この組合は、毎事業年度の剰余金の20分の1に相当する額以上の金額を教育事業等繰越金として翌事業年度に繰り越し、繰り越された事業年度の第3条第6号（組合員及び組合従業員の組合事業に関する知識の向上を図る事業—引用者注）に定める事業の費用に充てるために支出するものとする。なお、全部又は一部を組合員の相互の協力の下に地域及びこの組合の区域において行う福祉の向上に資する活動を助成する事業に充てることができる。」

第74条（剰余金の割戻し）

「この組合は、剰余金について、組合員の組合事業の利用分量又は払込んだ出資額に応じて組合員に割り戻すことができる。」

第78条（その他の剰余金処分）

「この組合は、剰余金について、第74条の規定により組合員への割戻しを行った後になお残余があるときは、その残余を任意に積み立て又は翌事業年度に繰り越すものとする。」

大学生協事業の「損益計算書 vs. 貸借対照表」

事業主体の会計情報を総称したものは「財務諸表」と呼ばれている。一般には、財務諸表は、貸借対照表、損益計算書、利益処分案、営業報告書、附属明細書などの計算書類の総称であるが、以下では最も重要である損益計算書と貸借対照表を説明する。損益計算書・貸借対照表は、組合員に対する情報開示資料であり、組合員は、計画（予算）の数字、過去（前年、前々年など）の数字、他の同規模大学生協の数字と比較しながら、大学生協の事業活動実績を見る眼を養わなければならない[2]。

(1) 大学生協の損益計算書

大学生協の「損益計算書（Profit and Loss Statement：PL）」は、一定期間（3月1日〜8月31日までの上期、9月1日〜2月末までの下期および通期）における事業活動の経営成績を表している。

(2) 大学生協の貸借対照表

大学生協の「貸借対照表」（Balance Sheet：B/S）は、一定時点（8月末の中間決算時点、2月末の本決算時点）における「資産」「負債」「資本」ストックを表している。「資産の部」は、大学生協がどのような資産を、どれ位もっているのか、「負債及び資本の部」は、それらの資産をどのようなお金で賄っているのかをそれぞれ示している。「負債」は出資者以外から調達したお金（他人資本）で、返済しなければならない資金である。「資本」は出資者（組合員）から調達したお金（組合員出資金）と留保された利益（剰余金）の合計（自己資本）のことである。「資産＝負債＋資本」であり、資産と「負債＋資本」のバランスがとれているため、貸借対照表はバランスシートと呼ばれている。

① 資産の部：資産＝流動資産＋固定資産

「資産の部」を見ると、大学生協がどのようにお金を使っているのかが分かる。「流動資産」とは、期間の長短にかかわらず、大学生協の正常な営業循環過程内において発生した資産、または貸借対照表日の翌日から起算して、1年以内に現金化・費用化される資産のことである。「固定資産」とは、正常な営

業循環過程外の資産かつ1年を超えて現金化・費用化される資産のことである。
② 負債及び資本の部：総資本＝負債（他人資本）＋資本（自己資本）

「負債及び資本の部」を見ると、大学生協がどこからお金を集めているのかが分かる。「負債」は他人資本とも呼ばれ、出資者（組合員）以外から調達したお金であるので返済しなければいけない。

　負債＝流動負債＋固定負債

である。流動負債とは、期間の長短にかかわらず、大学生協の正常な営業循環過程内において発生した負債、または貸借対照表日の翌日から起算して、1年以内に返済期限が到来する負債のことである。固定負債とは、正常な営業循環過程外の負債かつ1年を超えて返済期限の到来する負債のことである。「資本」は自己資本とも呼ばれ、組合員から調達したお金（組合員出資金）と利益の留保額（剰余金：法定準備金＋任意積立金等＋当期未処分剰余金）の合計のことである[3]。

大学生協事業の収益性：6つの剰余と2つの収益性指標

株式会社では、株主が必ずしも利用者であるとは限らないが、協同組合の特徴の1つは、出資者は必ず利用者であることであり、組合員は利用するために出資するのである。したがって、大学生協の事業の組合員に対する貢献の尺度は、組合員の利用高を示している「純供給高（供給高）」で測るべきである。

　供給高＝（供給高／組合員数）×組合員数
　　　　＝組合員1人当たりの供給高×組合員数

であり、組合員1人当たりの利用高を示している「組合員1人当たりの供給高」が大きいほど、あるいは／および大学生協を利用している組合員数が大きいほど、供給高は大きくなり、それは大学生協が組合員のキャンパス・ライフに貢献していることを意味している[4]。

大学生協は、民間企業の利益に対応するものとして「剰余」という用語を用いている。以下では、損益計算書から算出される6つの剰余概念を記しておく。
① 供給剰余：売上総利益

$$供給剰余 = 純供給高 - 供給原価$$
$$= (総供給高 - 供給値引) - 供給原価$$

ここで、純供給高、供給原価はそれぞれ企業の売上高、売上原価に対応するものである。供給剰余は粗利益（GP）と呼ばれ、企業の売上総利益（粗利益）に対応するものである。純供給高は、大学生協の本来の事業活動から生まれた収益であり、供給原価は販売した商品の仕入原価、製品の製造原価のことである。純供給高減でも、供給原価を削減すれば供給剰余を増やすことができるが、それは一時的なことであり、供給原価削減をずっと続けることはできない。供給剰余増でも、供給原価削減によるものよりも、純供給高増を伴っている方が、成長性の面で期待がもてる。

② 事業剰余：営業利益

$$事業剰余 = 事業総剰余 - 事業経費$$
$$= (供給剰余 + 共済受託手数料収入)$$
$$- (人件費 + 物件費 + 共同運営費)$$

ここで、共同運営費（分担費）は事業連合への業務委託費用である。事業剰余は企業の営業利益に対応するものであり、大学生協の本来事業によって稼いだ利益である。事業剰余の水準は業種によって異なるので、同業種（大学生協）の間で比べることが基本である。「人件費＋物件費」は商品・製品を販売するのにかかる費用、大学生協全般の管理事務のためにかかる費用のことである。

③ 経常剰余：経常利益

$$経常剰余 = 事業剰余 - (事業外収益 - 事業外費用)$$

ここで、事業外収益、事業外費用はそれぞれ企業の営業外収益、営業外費用に対応するものである。経常剰余は、企業の経常利益（経常活動による利益）に対応するものであり、大学生協の本来営利事業に伴う資金運用・資金調達による収益・費用を加減したものである。大学生協関係者は、経常剰余（経常利益）の大きさをもって事業のパフォーマンスを判断し、「経常剰余（経常利益）の大きさは、民間企業であれば売上高の3％、大学生協であれば供給高（売上高）の1％が望ましい」と述べている。大学生協は利益をあげることが最終目

的でなく（利益はすべて組合員に分配される）、運転資本の確保のために、供給高（売上高）の１％くらいの経常剰余（経常利益）が必要ということである。
④　税引前当期剰余金：税引前当期純利益

　税引前当期剰余金＝経常剰余＋（特別利益－特別損失）

税引前当期剰余金は、企業の税引前当期純利益に対応するものであり、大学生協の本来営利事業とは関係のない、一時的な利益・損失を加減したものである。特別利益は過年度収益の修正や臨時的な収益（過去の経営成果の蓄積の吐き出し）、特別損失は過年度費用の修正や臨時的な損失（過去の経営意思決定の失敗の具現化）であり、特別損益はその期だけの一時的な損益である。損益計算書を見るときには、剰余増・剰余減がどのような要因で生じているのかを見なければならない。そのためには、時系列の比較や他の大学生協との比較が重要である。

⑤　当期剰余金：当期純利益

　当期剰余金＝税引前当期剰余金－法人税等

ここで、法人税等は法人税、住民税（都道府県民税、市町村税）、事業税などのことであり、当期剰余金は企業の当期純利益に対応するものであり、企業ならば株主に帰属するものである。当期剰余金は大学生協の一会計期間における最終成果を表す利益である。

⑥　当期未処分剰余金：当期未処分利益

　当期未処分剰余金＝当期剰余金＋前期繰越剰余金＋積立金崩額

当期未処分剰余金は企業の当期未処分利益に対応するものである。企業の収益性を評価する基準には、「利益の絶対額」「増益率」「従業員１人当たりの利益」「売上高利益率」「資本利益率」（Return on Investment：ROI）といった５つの指標があるが、全国大学生協連は、供給剰余率、事業剰余率といった２つの指標を大学生協の収益性を評価する基準として取り上げている。供給剰余率、事業剰余率は、企業の売上高利益率に対応するものである。

①　供給剰余率（GP率あるいはGPR：純供給剰余率：供給剰余／純供給高）

　供給剰余、供給高（純供給高）は、それぞれ企業の売上総利益（粗利益）、

売上高に対応するものであり、供給剰余率(供給剰余／純供給高)が高いほど、収益性は良好である。全国大学生協連は「しかし生協は営利を目的として事業を行っているのではありませんから、収益性を高めるため、供給剰余率がむやみに高くても、逆に低くて経費をまかなえないようでも困ります。ですから、この数値を見る時には、総(代)会で決められた事業計画、予算によって設定された率と対比して適正であるかどうかを見る必要があります。」と述べている。

② 事業剰余率(事業剰余／供給高)

事業剰余、供給高(純供給高)は、それぞれ企業の営業利益、売上高に対応するものであり、事業剰余率(事業剰余／供給高)は、企業の売上高営業利益率に対応するものである[5]。

大学生協事業の健全性：自己資本比率と流動比率

企業が「安全である」とは、財務構造や資金繰りが健全であり、倒産に陥る危険がないことを意味している。財務構造の健全性は貸借対照表、資金繰りの健全性は損益計算書をそれぞれ用いて知ることができる。貸借対照表にもとづく安全性は「静的安全性」と呼ばれ、企業の財務上のストック次元の安全性を意味している。資金の調達と運用のバランス、あるいは調達された資金の構成に関して、短期的安全性と長期的安全性の2つがある。損益計算書にもとづく安全性は「動的安全性」と呼ばれ、企業のフロー次元の安全性を意味している。

全国大学生協連は、自己資本比率、流動比率といった2つの指標を、大学生協の健全性を評価する基準として取り上げている。

① 自己資本比率「自己資本／(他人資本＋自己資本)」

自己資本比率は、長期的安全性の指標である。自己資本比率は、返済不要な自己資本で、資産をどれだけ賄えているのかを示していて、企業の安全性の目安は一般には自己資本比率50％以上と言われているが、全国大学生協連は「この比率が高いほど経営の安定度は高いわけですが、大学生協では、最低30％以上は必要で、40％以上なら積極的事業拡大が可能といわれています。そして

25％以下の場合には『借金経営』というべきで財務の改善が必要です。」と述べている。

② 流動比率（流動資産／流動負債）

流動比率は、短期的安全性の指標であり、対外信用上、最も重要な指標である。企業の安全性の目安は、一般には流動比率200％以上（100％を割れば黄信号）と言われているが、全国大学生協連は「数値は130％以上が望ましく、100％以下は危険な状態といわれています。」と述べている。

4　大学生協の在り方：1992年の「二十一世紀委員会答申」

二十一世紀委員会：本委員会、価値検討・事業構想に関する小委員会

全国大学生活協同組合連合会二十一世紀委員会（以下、「二十一世紀委員会」と略称）は、本委員会と、「価値検討」・「事業構想」に関する２つの小委員会を設け、本委員会が「二十一世紀までを見通した上で、大学生協が直面するであろう主要な問題を考え、それにたいする大学生協の在り方を総括的・一般的に解明することをめざしている」のに対して、２つの小委員会はそれぞれ「それ（本委員会の議論―引用者注）を前提として、個別的・具体的に問題を解明することを目的としている。」

私は、『二十一世紀委員会答申』中の問題点は、これら３つの委員会設置とそれらの関係から生じているように思う。すなわち、1995年 ICA 声明に見られるように、協同組合の事業・運動は自助、自己責任、民主主義、平等、公平、連帯といった６つの価値にもとづく方法で行われ、組合員の信条は、正直、公開、社会的責任、他人への配慮といった４つの倫理的価値である。大学生協のアイデンティティは、これらの価値実現に取り組んでいることに求められ、その限りでは、「価値検討」小委員会が実質上は本委員会と事業構想の上位に位置しなければならない。

『二十一世紀委員会答申』は、「価値検討」小委員会を踏まえていない本委員会の討議にもとづいて取りまとめられたものであり、「大学生協の在り方」に

ついて、以下の9つを取り上げ、次のように議論している。
① 大学生協の基本的価値
　「大学における大学生協の位置と役割は、組合員の福利厚生の向上・充実に置かれてきたといっていい。(中略)今やそれに加えて、教育的機能への貢献を高めていくことが求められている。(中略)大学生協に期待されることは、従来のいわば教育補助的機能から一歩踏み込んで、大学との協力関係を深めつつ積極的に社会人形成のための教育機能への貢献と活動とを展開していくことであろう。協同組合は本来その教育的機能を重視してきており、今次のICA大会の『報告書』でも教育が基本的原則のひとつとして確認されている。」
② インターディペンデンス(相互依存)の強化
　「生協は、『一人は万人のため、万人は一人のため』という協同組合の精神を大切にし、社会におけるインターディペンデンス(相互依存)意識の希薄化に対処すべきである。とりわけ大学生協は、若い世代を組合員としていることからもこのことが重要であり、広い意味における社会教育を担うべき立場にある。」
③ 環境問題への取組み
　「協同組合はたんなる社会運動の組織ではなく、各種の経済事業を通じて組合員の利益を拡大するための経済事業体である。それは今後ますます重大化する環境問題にたいしても、経済事業の主体として責任の一端を負うている。」
④ 協同組合間連帯による社会的活動
　「21世紀は協同なくしてコミュニティの成立がありえない時代である。」
⑤ 学生の日常生活の改善
　「心身の健康はたんに食事の改善だけで維持できるものではない。規律正しい日常生活、趣味やスポーツなどによるレクリエーション、よき人間関係の拡大などが不可欠である。大学生協はこうした場の提供を重視するとともに、学生の日常生活の改善にたいして総合的に提案をつづけることによって生活の改善を促進しなければならない。」
⑥ 教職員、院生組合員の重視

「（教育・研究についての—引用者注）大学生協事業の水準を一層高め、研究・教育に携わる組合員の文字通りのパートナーとしての信頼を確立するためには教職員、院生組合員の事業活動への参加がなければ不可能である。このためには、生協理事会の政策能力を飛躍的に高めることが求められ、現在の理事会構成の変更も必要に応じて検討されるべきであろう。」

⑦　留学生、社会人への対応

「留学生や外国人研究者および社会人入学者の増加という事態を前にして、大学生協の事業もこれらの層への対応を迫られている」。

⑧　民主化と効率化

「協同組合の基本的価値の一つは民主化の徹底にあるが、他方それは経済事業体であり、資本主義的市場の競争の中に置かれているから、事業の効率化をたえず追求していかなければ存続しえない。この民主化と効率化とをどのようにして調整し、両立させるかは、協同組合にとってもっとも困難な問題であり、大学生協でもこれまでの活動において繰り返し検討されてきたことである。いうまでもなく、一見相反するこの2つの命題は、一面的に対立するものとして対立的にとらえられるべきではないし、大学生協のこれまでの事業活動において、もし対立的にとらえられることがあったとすれば、この両者をつなぐ運動が不十分であり、そのために協同組合における『一体感の喪失』が生じていたことが反省されるべきであろう。『一体感の喪失』はけっして事業の効率的運営を前進させるものではなく、むしろ協同組合らしさを失わせ、弱体化を招くものといわなければならない。（中略）こうした『一体感』は組合員の民主的参加を通してはじめて形成される。」

⑨　職員の位置づけ

「組合員の各層との間に十分な意志疎通をはかりつつ、専門的立場から組合の日常的な運営を最善の路線に導いていくこと、そして民主化と効率化の両立という困難な課題を日々に解決していくことは、専務理事、店長以下全専従職員の任務である。生協事業の質と価値を高め、他者との競争への優位性を維持するためには、有能な職員集団の存在は決定的に重要である。（中略）組合員

が生協の運営全般に寄せる一体感は、執行部としての理事者と生協職員とが、一体となって組合員の期待に応える行動を実践することによって生まれる。組合員―職員―理事者の一体化は協同組合活動の重要な目標であり、この実現のためにも生協職員の位置と役割を明確にし、それにふさわしい権限と待遇を保障することが重要である。」

以下では、上記の全国大学生協連二十一世紀委員会の大学生協観についてコメントをしておく。

① 現在の全国大学生協連・教職員委員会は「エデュケーショナルコープ」を標榜していて、「大学生協に教育的価値がある」と言っている。「大学との協力関係を深めつつ」というとき、問題は大学生協は大学と同じ内容の社会教育を行うのか、同じ方法で社会教育を行うのかである。上記の『二十一世紀委員会答申』は大きな誤解をしている。大学生協が教育を事業・運動として取り上げるとすれば、その正当性は1995年ICA声明の協同組合の定義(組合員の経済的・社会的・文化的ニーズと願いを満たす)に求められるべきであり、大学生協を含む協同組合が重視している教育は、1995年ICA声明の7つの原則のうちの第5原則にあたり、それは組合員向けの協同組合精神(組合員の信条：正直、公開、社会的責任、他人への配慮)の教育である。教育の担い手は大学であったり、専門学校であったり、さらには大学生協も含まれるかもしれない。しかし、大学・専門学校に教育的価値があるというのは違和感はないが、大学生協に教育的価値があるというのは違和感がある。大学の教育的価値には大学の教育方法の裏付けがあり、専門学校の教育的価値には専門学校の教育方法の裏付けがあるが、大学生協の教育的価値にはどんな教育方法の裏付けがあるのであろうか。大学生協が教育事業を行うことだけをもって教育的価値があるとするのは、大学生協のアイデンティティではない。大学生協のキャリア教育事業のアイデンティティは、組合員に対するキャリア教育を通じて、正直、公開、社会的責任、他人への配慮といった4つの倫理的価値を啓蒙することにある。

② 「社会人形成のための教育機能への貢献と活動」「広い意味における社会教

育」について言えば、大学生協神戸事業ブロックは大学生向けの消費者教育を担っているが、上から下への目線で、大学教員が実体験したことのない大学生消費者トラブルを大学生に説明するよりも、同じ目線で、消費者トラブルに遇ったあるいは遇いそうになった大学生が実体験として同じ大学生に説明するほうがはるかに有効である。同じ目線で行う教育、つまり「学び合い」こそが、大学生協の教育事業・運動のアイデンティティである。

③ 『二十一世紀委員会答申』は「大学生協の事業経営の効率化のためには、事業連帯活動の展開は欠くことができない。」「組合員―職員―理事者の一体化」は民主化と効率化を両立させると論じているが、そのメカニズムは説明されていない[6]。

④ 『二十一世紀委員会答申』は、「組合員―職員―理事者の一体化」は、一方で民主化と効率化を両立させる、他方で組合員の民主的参加を通して形成されると論じている。協同組合の特徴の１つは「一人一票による民主的な運営」であり、両立させるものとして民主化と効率化を並べることは不適切であり、問題の設定としては、「協同組合民主主義は効率性と公共性を両立させるのか」であるべきである。「一人一票による民主的な運営」は大学生協（協同組合）のアイデンティティであり、いかに効率性を損ねようが協同組合民主主義は堅持しなければならないので、「民主化 vs. 効率化」で効率性の追求が民主化を損ねるというような問題設定は不適切である。問題設定は、協同組合民主主義の堅持を前提としたうえで、「一人一票による民主的な運営」が何と何を両立（ここでは、効率性と公共性の両立）させることができるかにしなければならない。

⑤ 『二十一世紀委員会答申』は「21世紀は協同なくしてコミュニティの成立がありえない時代である。」と論じている。大学生協は、ローカル（地域）、ナショナル（全国）、リージョナル（いくつかの国から形成される各地域）、インターナショナル（全世界）といった重層構造でネットワーク化され、大学生協という共通の枠組みで共同活動を行っているが、大学生協が他の種類の協同組合と共同活動を行っているようには思えない。「協同組合間連帯に

よる社会的活動」は重要であり、社会全体のための、各種協同組合間の事業・運動の連帯が望まれる。協同組合は組合員のみのためという行政庁の指導のために、各大学生協はそれぞれ内向きの事業・運動のみを行っているが、各大学生協は、地域コミュニティ再生のために公共性を発揮し、各種協同組合とともに、一部は外向きの事業・運動も行うべきである。

⑥　『二十一世紀委員会答申』は、「生協は、『一人は万人のため、万人は一人のため』という協同組合の精神を大切にし、社会におけるインターディペンデンス（相互依存）意識の希薄化に対処すべきである。」と論じている。協同組合の事業・運動の根底には、人間に対する尊厳や、相互自助を通じて経済的・社会的・文化的に進歩していく人々の力量に対する信頼があり、大学生協は「社会におけるインターディペンデンス（相互依存）意識」を高めるために、まずは人間に対する尊厳を組合員に対して教育すればよいであろう。フランクル（V. E. Frankl）『夜と霧：ドイツ強制収容所の体験記録』は自らユダヤ人としてアウシュヴィッツ収容所に囚われ、奇蹟的に生還した心理学者の名著であるが、彼の実存分析は、「生きる意味をもつ人」は互助、「生きる意味をもたない人」は利己的であり、「生きる意味」を教えることが、互助の精神をもたせることになると論じている。大学生協は組合員に互助の精神をもってもらうように、「生きる意味」を教育すればよい。

注

1）　民間企業はプラスの利益をもたらしうる経済的目的事業（事業）のみと言ったが、民間企業のCSR（企業の社会的責任）は非営利活動の色合いをもっている。しかし、社会的責任を果たすことができない企業は営利事業で失敗するのであり、その意味ではCSRも営利事業のサポート事業とみなしうるであろう。

2）　消費生活協同組合法では、決算関係書類（貸借対照表、損益計算書、剰余金処分案・損失金処理案）、附属明細書を作成することが義務づけられている。

3）　法定準備金、（任意積立金等＋当期未処分剰余金）はそれぞれ企業の利益準備金、その他の剰余金に対応するものである。

4）　供給高は量尺度であるが、供給の質も問わなければならない。供給高増は、組合員への押し付けによるものか、組合員からのくみ取りによるものか、のいずれであろうかと

いう問題である。
5) 一般に、
    資本利益率＝利益／投下資本
            ＝（利益／売上高）×（売上高／投下資本）
であり、（利益／売上高）は「売上高利益率」、（売上高／投下資本）は「資本回転率」とそれぞれ呼ばれている。全国大学生協連は、企業の（売上高／投下資本）にあたる「供給高／総資産額」を「総資産回転率（回）」と呼び、「この回転率が高いほど経済性は良くなるといえます。一般には、年間供給高が総資産の5倍以上が望ましく、4倍以下であれば効率の悪い資産運用であるといわれています。」と述べている。
6) フォーケ［1935］は、協同組合事業の効率性は、教育された単なる顧客でない組合員が発揮すると期待されているモラルと技術での協同に依存していると論じている。

第9章　協同組合憲章（草案）と日本の形

1　ICA 理事会提案：「自立」「民主主義」「参加」と協同組合

協同組合は「自立」「民主主義」「参加」を備えている

　ICA 理事会は、「『協同組合のアイデンティティに関する ICA 声明』と『21世紀に向けての協同組合の宣言』についての決議」について、「未来についての私たちのビジョンは、人々がその経済的・社会的生活をよりよく管理することができるようになるためには、各国の経済が自立、民主主義、参加の要素をより必要とするだろう、というものです。したがって、協同組合は将来においてより多くの人々にとってこれまでより重要なものになるでしょう。」と述べ、「自立」「民主主義」「参加」が経済社会生活の発展のキーコンセプトであり、それらを備えている組織が協同組合であると提案している。

2　協同組合憲章（草案）

協同組合憲章草案：全文の構成

　日本の IYC 全国実行委員会は、協同組合憲章草案の第一次案を2011年7月14日に、最終案を12年1月13日にとりまとめた。
　協同組合憲章草案（最終案）は、「前文」「基本理念」「政府の協同組合政策における基本原則」「政府の協同組合政策における行動指針」「むすび」からなり、「前文」は8項目、「基本理念」は6項目、「政府の協同組合政策における基本原則」は5項目、「政府の協同組合政策における行動指針」はさらに「協

同組合の活動の支援」「適切な協同組合政策の確立」「協同組合の実態把握」の3つに整理され、合計10項目からなっている。「むすび」は2項目からなっている。原文には小見出しはついていないが、以下では、小見出しをつけて、「協同組合憲章草案」の全文を記しておく。本書でつけた小見出しは丸括弧に入れてある。

協同組合憲章草案：前文の8項目

① （なぜ協同組合憲章草案を定めるのか：基本的な理念と協同組合政策）

　経済と社会がグローバル化するなか、世界的な金融・経済危機、大規模自然災害等に際して、協同組合は、地域社会に根ざし、人びとによる助け合いを促進することによって、生活を安定化させ、地域社会を活性化させる役割を果たしている。こうした重要な役割を果たしている協同組合を、2012年の国際協同組合年を契機に今後いっそう発展させるための基本的な理念を明らかにし、政府に対して、協同組合全体を貫く協同組合政策の基本的な考え方と方針を明らかにするよう求めるため、ここに協同組合憲章草案を定める。

② （東日本大震災と日本の経済社会）

　わが国は、2011年3月11日に発生した東日本大震災とそれにともなう原子力発電所事故によって、これまでの国土開発政策、エネルギー政策、社会経済政策、地域経済と地域社会づくりなどに、根本的な反省を迫られている。

③ （共助・協同への関心の高まり）

　東日本大震災では、政府による公的支援が遅れるなかで、多くの協同組合が、これまで培ってきた協同のネットワークを活用して、被災住民への支援を積極的に行った。協同組合以外の分野でも、至るところで市民による多様な被災地支援が行われ、共助・協同への関心が高まった。社会を安定化させるためには、自己責任（自助）と政府の援助（公助）だけでは不十分であり、人びとの助け合い（共助）が必要だという社会認識が広まっている。

④ （相互扶助組織としての協同組合の発展は不可欠）

　人びとの助け合いの絆を強化し、無縁社会を友愛と連帯の社会に変え、限界

集落の増加・人口減少・雇用の不安定化などで疲弊する地域経済を活気づけ、食料・環境・エネルギーなどのテーマに取り組み、持続可能な社会をめざして未来を切り拓くためには、相互扶助組織としての協同組合の発展が不可欠である。

⑤ （世界における貧困と格差の増大）

　世界に目を向けても、同じことが言える。世界は現在、経済的不況、格差の拡大、環境汚染、エネルギー問題、多くの発展途上国の人口爆発と先進国の少子高齢化、頻発する地震・津波・噴火などの自然災害により、危機に直面している。とくに、1980年代に始まり90年代に入って本格化した新自由主義にもとづく経済のグローバリゼーションは、世界的に貧困と格差を増大させた。

⑥ （市民社会化の発展と協同組合への期待）

　その一方で、多くの国で民主化が進み、社会の主権者としての市民が社会づくりのイニシアチブを発揮するようになってきている。各国の市民社会化の発展にともない、市民たちが協同して行う事業と運動としての協同組合の意義と協同組合への期待が世界的に高まっている。

⑦ （2012年を国際協同組合年と宣言する決議：協同組合の認知と協同組合への支援）

　世界的金融・経済危機の下で、加えて、行き過ぎた市場主義への危惧が表明される国際的潮流のなかで、2009年12月、国連総会は、2012年を国際協同組合年と宣言する決議を採択した。この決議は、世界各国の社会経済開発において協同組合がこれまで果たしてきた役割と、今日の社会経済問題の改善に貢献する可能性を評価したうえで、全加盟国の政府と関係者に対して、この国際年を機に、協同組合への認知度を高め、協同組合を支援する政策を検討・整備するよう促している。

⑧　国際協同組合年と日本の協同組合

　国連のこの要請に応えることは、日本の協同組合と政府の責務である。協同組合は、自らの努力によって協同組合運動をいっそう発展させなくてはならない。また、政府は、協同組合の発展を促進するための制度的枠組みを整備し

ければならない。

　協同組合憲章草案（最終案）の「前文」について、3つのコメントをしておく。

① 「前文」は、「協同組合は、自らの努力によって協同組合運動をいっそう発展させなくてはならない。また、政府は、協同組合の発展を促進するための制度的枠組みを整備しなければならない。」と述べ、協同組合の自立と、協同組合の発展を促進するための制度的枠組みの、政府による整備の必要性を指摘している。協同組合精神は「まずは自立、そして互助」であるので、国際協同組合年はむしろ「自立・互助」の再認識の年であり、政府におねだりをする年であってはならない。

② 「前文」は、「社会を安定化させるためには、自己責任（自助）と政府の援助（公助）だけでは不十分であり、人びとの助け合い（共助）が必要だという社会認識が広まっている。」と述べ、協同組合の形態をとる、とらないのいかんにかかわりなく「共助・協同」こそが重要であると指摘しているのは、本書のメッセージと完全合致するものである。

③ 「前文」は、「各国の市民社会化の発展にともない、市民たちが協同して行う事業と運動としての協同組合の意義と協同組合への期待が世界的に高まっている。」と述べ、本書の問題意識と完全合致して、協同組合精神（協同）と協同組合組織が区別され、両者の重要性が正しく謳われている。

協同組合憲章草案：基本理念の6項目

① （近代的協同組合の起源）

　近代的協同組合の起源は、19世紀の産業革命のもと、ヨーロッパ各国で労働者、農林漁業者、中小の商工業者、消費者たちが生活を守るために自発的に取り組んだ協同の活動であった。

② （1995年ICA声明：協同組合の定義と価値）

　協同組合は、組合員が出資し共同で所有し民主的に管理する事業体を通じて、共通の経済的・社会的・文化的なニーズと願いを満たすために、自発的に手を

結んだ人びとの自治的な組織である。協同組合は、相互扶助の非営利の組織として、国民経済の一翼を担っている。その共通の基本理念は、組合員の助け合いと協同であった。協同組合の基本理念は、「一人は万人のために、万人は一人のために」という言葉に集約されている。協同組合は、自助、自己責任、民主主義、平等、公正、連帯という価値を基礎としている。また、協同組合の組合員は、正直、公開、社会的責任、他者への配慮といった倫理的価値を信条としている。

③ (協同組合は「民主主義を浸透させる学校」「『働きがいのある人間らしい仕事』を創出する主体」)

協同組合は、経済的公正を求めて、経済的弱者の地位の向上に努めるとともに、組合員の出資参加・利用参加・運営参加といった参加型システムを発展させることによって、民主主義を浸透させる学校としての機能を果たしてきた。協同組合はまた、「働きがいのある人間らしい仕事」を創出する主体として、その発展が期待されている。

④ (国際協同組合同盟 (ICA) は世界最大の国際 NGO)

協同組合の理念は世界中に広がり、現在、国際協同組合同盟 (ICA) は、92カ国の協同組合・約10億人の組合員を擁する、世界最大の国際 NGO (非政府組織) となっている。

⑤ (日本の協同組合:8,017万人の組合員、66万人の職員)

日本は、延べ8,017万人の組合員と66万人の職員を擁する、世界でも有数の協同組合が活動する社会となっている。これらの協同組合は、主として農林漁業、商工業、金融、共済、消費生活などの経済の領域で活動してきたが、近年は、組合員のための共益的活動だけでなく、医療・福祉、子育て支援、仕事おこし、買い物が困難な人への生活必需品の供給など、地域社会全般にかかわる公益(公共の利益)のための活動を強化させている。

⑥ (協同組合同士の協同)

従来、社会全般にかかわる公共的な財とサービスの提供は国家の役割とみなされてきたが、阪神淡路大震災以降、NPO (非営利組織) などの市民組織が

取り組む社会貢献活動の重要性が注目されるようになってきた。協同組合同士の協同を強め、地域住民やNPOなどのさまざまな組織と連携し、さらに行政との協働を促進して、地域社会のために活動することが必要である。

協同組合憲章草案（最終案）の「基本理念」について、2つのコメントをしておく。

① 「基本理念」は、「その共通の基本理念は、組合員の助け合いと協同であった。協同組合の基本理念は、『一人は万人のために、万人は一人のために』という言葉に集約されている。」と述べているが、「一人は万人のために」が助け合いで、「万人は一人のために」が協同ではない。「万人は一人のために」は助け合いと協同であったとしても、「一人は万人のために」は助け合いではなく、自立であると考えるべきである。基本理念は「その共通の基本理念は、組合員の助け合いと協同であった。」と述べているが、助け合いと協同は同じことである。私は、協同組合の基本理念は「まずは自立、そして互助」と思う。まさに「まずは、一人は万人のために、次に、万人は一人のために」であり、「自立・互助」が協同組合精神である。互助・協同のみをもって協同組合精神とすることはできない。

② 「基本理念」は、「協同組合は、（中略）組合員の出資参加・利用参加・運営参加といった参加型システムを発展させることによって、民主主義を浸透させる学校としての機能を果たしてきた。」と述べているが、「一人一票」の協同組合民主主義は決定をしにくいシステムである。

協同組合憲章草案：政府の協同組合政策における基本原則の5項目

社会経済開発に貢献する協同組合の活動を支援する政府や地方自治体（以下、「政府」）の役割は重要である。政府は、協同組合政策に取り組むにあたって、上記の基本理念をふまえたうえで、以下の原則を尊重すべきである。

① 協同組合の価値と原則を尊重する

国連の「協同組合の発展に支援的な環境づくりをめざすガイドライン」（2001年）と、国際労働機関（ILO）の「協同組合の振興に関する勧告」（2002

年）に留意し、ICA の「協同組合のアイデンティティに関する声明」（1995年）に盛り込まれた協同組合の価値と原則を尊重する。協同組合にさまざまな政策を適用する際は、協同組合の価値と原則に則った協同組合の特質に留意する。

② 協同組合の設立の自由を尊重する

協同組合制度は、すべての市民に開かれている。政府は、市民が協同組合を設立する自由を尊重する。

③ 協同組合の自治と自立を尊重する

協同組合が積極的に自治と自立を確保・維持することを重視し、政府と協同組合との対等で効果的なパートナーシップを進める。

④ 協同組合が地域社会の持続的発展に貢献することを重視する

協同組合が地域社会の持続的発展に貢献することをめざしている点を重視する。震災復興などにあたっては、地域経済の有力な主体として協同組合を位置づける。

⑤ 協同組合を、社会経済システムの有力な構成要素として位置付ける

これからの社会経済システムには、多くの人びとが自発的に事業や経営に参加できる公正で自由な仕組みが求められる。そのために、公的部門と営利企業部門だけでなく、協同組合を含む民間の非営利部門の発展に留意する。

協同組合憲章草案：政府の協同組合政策における行動指針

「政府の協同組合政策における行動指針」は、さらに次の「協同組合の活動の支援」「適切な協同組合政策の確立」「協同組合の実態把握」の3つに整理され、合計10項目からなっている。すなわち、

政府は、具体的な協同組合政策に取り組むにあたっては、上記の基本理念と基本原則をふまえたうえで、下記の行動指針を尊重すべきである。

協同組合憲章草案：協同組合の活動の支援の5項目

① 協同組合が地域の社会的・経済的課題の解決に取り組むさい、その活動を

支援する

協同組合が安全・安心な食料などの確保、金融や保障（共済）へのアクセス、地域の雇用・福祉・医療・環境・教育問題等の解決に取り組む際、その活動を支援する。

② 地域のニーズに即した新たな協同組合の設立を支援する

都市や農村漁村で市民の自主的な経済活動を促進し、就業機会を増やし、災害からの復興や地域社会の活性化を図るために、地域のニーズに即してさまざまな関係者や関係団体が参加できる仕組みを創設する。また、協同労働型の協同組合など、市民が協同して出資・経営・労働する協同組合のための法制度を整備する。さらに、再生可能な自然資源を活用した協同組合による分散型エネルギー供給事業の創設等を支援する。

③ 地域社会の活性化を図るために、協同組合など地域社会に根ざす諸組織を支援する

地方自治体は、地域社会の活性化を図るために、協同組合振興条例やまちづくり条例などを制定し、協同組合・NPO・自治会など、地域社会に根ざす諸組織を支援する。

④ 協同組合に関する教育・研究を支援する

協同組合について理解する機会を増やすために、協同組合に関する教育を小学校から学校教育に導入し、大学における協同組合研究の機会を増やす。また、女性、高齢者、障がいのある者、自然災害の被災者たちをはじめ、希望者が協同組合をつくる際には、必要な教育と職業訓練の機会を確保する。

⑤ 協同組合の国際的な活動を支援する

地球温暖化、環境汚染・破壊、飢餓、貧困、社会的排除等の諸問題の克服や、多文化共生などに貢献する協同組合の国際的活動を支援する。また、発展途上国の協同組合の育成を支援するために、政府開発援助（ODA）の拠出等の支援を行う。とりわけ、国連のミレニアム開発目標への協同組合の貢献を強化するために必要な対策と支援を行う。

協同組合憲章草案：適切な協同組合政策の確立の3項目
① 横断的な政策展開が可能な仕組みを設ける
　協同組合政策の横断的な推進・調整が可能となる仕組みを行政内に設ける。
② 協同組合の制度的枠組みを整備する
　協同組合の発展を図るために法制度について必要な見直しを行うとともに、協同組合を推進するための新しい法制度についての検討を進める。また、税制、会計基準、自己資本規制などについて検討するにあたっては、協同組合の特質に留意する。
③ 協同組合における定款自治の強化を支援する
　協同組合の地域的条件、事業内容、規模などに対応して柔軟な制度設計が可能となるよう、協同組合の事業運営や管理における定款自治の強化を支援する。
　協同組合憲章草案（最終案）の「適切な協同組合政策の確立」についてのコメントは次の通りである。すなわち、協同組合は組合員の自立支援、政府は協同組合の自立支援をすればよく、事業を阻害する過剰規制も、事業を保護する過剰規制も不要である。

協同組合憲章草案：協同組合の実態把握の2項目
① 協同組合についての包括的な統計を整備する
　協同組合が経済活動に与える影響を総合的に評価するために、政府統計のない協同組合分野についても統計づくりを進めることで、包括的な協同組合統計を整備する。
② 協同組合の社会的貢献について調査する
　協同組合の社会的役割を評価するために、協同組合による人づくり、絆づくり、まちづくり、自然環境保全活動などの社会的評価について調査し、その結果を公表する。
　協同組合憲章草案（最終案）の「協同組合の実態把握」について、2つのコメントをしておく。
① 「協同組合の実態把握」の2項目は、「政府の協同組合政策における行動指

針」に挙げられているが、統計を作成するための基礎データの整理は各協同組合の仕事であり、一般にはこれらの基礎データの整理が行われないので、統計が作成されていないのである。統計未整備は政府よりは各協同組合の問題である。
② 「協同組合の実態把握」は、「協同組合が経済活動に与える影響を総合的に評価するために」「協同組合の社会的役割を評価するために」、政府に対して協同組合の統計を整備するように要求しているが、これらの評価およびその公表は協同組合の責務であるとすら言ってよい。組合員の信条の1つは「公開」である。

協同組合憲章草案：むすびの2項目
① （協同組合の役割）
　国際協同組合年を契機として、協同組合は、地域のさまざまな組織、政府や地方自治体との協働を促進し、さらに公益的活動の発展を図る決意を表明する。そして、その過程で協同組合は新しい活動分野をつくりだし、地域の経済と社会のリーダーとしての役割を担う。
② （政府：協同組合の役割の認識と協同組合の発展の支援）
　政府は、地域社会を活性化するうえでの協同組合の役割を認識し、協同組合の発展を支援する。

3　市場の失敗・政府の失敗と協同組合精神

国の形と協同組合セクター
(1)　フォーケの「協同組合セクター vs. 官民セクター」
　協同組合組織の経済・社会における立ち位置については、2通りの考え方がある。1つの考えは「協同組合主義 vs. 古典的資本主義」である。協同組合組織の誕生前は古典的資本主義（自由競争市場下の民の世界）の時代であり、協同組合組織の誕生後は協同組合組織が無制限に発展し、民の世界に取って代わ

るという考え方がある。もう1つの考えは「協同組合セクター vs. 官民セクター」である。現代資本主義は官民の混合経済であり、そこにおいては「官（国・地方公共団体など）」と「管理された民（民間企業など）」が共存している。協同組合組織は第3のセクターとして、官セクターと民セクターと競合・協調すればよいという考え方がある。

フォーケ［1935］は「協同組合セクター vs. 官民セクター」の考え方を有し、経済セクターを公的セクター、資本家的セクター、私的セクター（あるいは前資本主義的セクター）、協同組合セクターの4つのセクターに分類している。フォーケが協同組合組織を発展させるというのは、私的セクターを協同組合組織化することを意味し、協同組合セクターが公的セクターや資本家的セクターに取って代わることを意味するものではない。

(2) A. F. レイドローの「協同組合セクター論」

レイドローは、公的セクター、私的セクターおよび協同組合セクターのどれをとっても、単独ではすべての経済問題を解決できないので、三者が一緒に並んで活動し、相互に補完することが必要であると論じている。

国の形と協同組合精神：国民を再生しないと日本はつぶれる

私は1953年（昭和28年）生まれで、大学の学部2年生まではいわゆる高度経済成長の時代であったので、現在の大学生に講義をしている中でいつも頭の中にあるのは「どうしてこんな日本経済社会になってしまったのであろうか」という自責の念である。1976年（昭和51年）に学部を卒業してから2012年までは40年間弱あるが、今日のようなダメ経済社会になったのは1990年以降の20年間であり、私は「失われた20年」の根本原因の1つは「日本人の劣化」にあると思う。日本国の形を変えるためには、日本人を変えなければならない。本書は、「日本国の形はどうあるべきか」という問題意識から、協同組合のアイデンティティと役割を検討している。

① 共助が自助（自立）を育む

経済的豊かさの追求を至上のものとし、その達成を保障するものとして「営

利・競争」の体制があると言われているが、協同組合は市場原理主義の万能性を否定するところから生まれた。しかし、私は自助（自立）はあらゆる体制の前提にあるべきもので、現在の日本を「自立を失わせかねない公助 vs. 自立を育む共助」の対立軸でとらえるべきであると思っている。すなわち、自民党単独政権、自民党を中心とした連立政権、民主党を中心とした連立政権のいずれも「天からお金が降ってくる錯覚をもたらすような」公助を推し進めてきたように思える。一方、橋下徹大阪市長の「維新の会」は自助（自分のことは自分で行う：自立）の重要性をしきりに強調している。

　本書は、自助を原理とする市場（民）でもない、公助を推し進める政府（官）でもない、つまり「市場の失敗」や「政府の失敗」を是正するための、共助（協同組合精神）を謳う協同組合の重要性を強調し、「共助（協同組合精神）こそが日本人を変え、日本国の形を変える」と主張するものである。フォーケ［1935］は、協同組合は「経済的弱者を結合して、相互扶助と連帯の慣行によって経済的関係の荒廃を救った。しかし、同時に個人の努力と個人の責任の意識をも喚起した。」（訳書 p.88）と述べていて、個人の経済的独立を強化するには、各個人が共同の努力に参加し、共同の効果をあげることが必要であると論じている。つまり、共助（協同組合精神）が自助（自分のことは自分で行う：自立）を生むのであり、「官 vs. 民」の二分法で、「天からお金が降ってくる錯覚をもたらすような」公助が人々の自立を失わせたことの反省として自助の重要性を強調しすぎるのではなく、「自助、公助、共助」の三分法で、「隣人からお金が降ってくる」共助が自助（自立）を育むということから、国の形として共助（協同組合精神）の重要性を訴える必要があると思う。

　一人ひとりの自立は協同組合運営の前提条件であるが、自立は共同的活動の目的であることを忘れるべきではない。「万人は一人のために」という共同は、"万人が私を助けてくれるであろう"という自立喪失錯覚を生むのではなく、「一人は万人のために」という自立を生むというところが協同組合のアイデンティティである。

② 「個人主義の諸結果への反動」においては個人の協同

第 9 章　協同組合憲章（草案）と日本の形　147

　協同組合の起源には「個人主義の諸結果への反動」「古い共同体的組織の発展」の 2 つがあるといわれ、これは協同組合の複雑な性格を浮き彫りにしている。フォーケ［1935］は、「個人主義的文化が支配的な所では協同組合教育の主要な任務は、個人の意志を共同的性格の行動に従属せしめることであろう。反対に、商品経済が、古い社会の様式を完全には破壊していない国、共同体組織が未だにいきわたっているような地域においては、協同組合教育は、個人の中に個人の責任の意識を喚起せねばならぬであろう。」と述べている。すなわち、「古い共同体的組織の発展」においては個人の自立、「個人主義の諸結果への反動」においては個人の協同がそれぞれ求められている。21 世紀の世界金融危機と呼ばれるリーマンショック、リーマンショック対策としての財政拡大政策の副作用として生じている欧州経済危機はすべて「個人主義の諸結果への反動」であり、いま世界全体で求められるべきものは個人の協同（協同組合精神）である。
③　協同組合の陥っている深刻なワナ
　協同組合の陥っている深刻なワナはつねに"組合員利益のために"という呪縛であり、一般には"一人は万人のために、万人は一人のために"は協同組合のスローガンになっているが、講学上の中間法人である協同組合（営利でもない、公益でもない、組合員互助をめざす法人）には不特定多数に奉仕するという公益性を法律・定款上十分発揮しにくくなっており、協同組合のスローガンは厳密には「一人の組合員はすべての組合員のために、すべての組合員が一人の組合員のために」という実に内向きの、外からは身内組織に見られかねないものである。協同組合が身内組織と言われると、協同組合人は忸怩たる複雑な思いになるが、これは協同組合の厳然とした限界である。この限界を超えるためには、「組合員＝全国民」にすればよいのであるが、それは不可能である。
　私は協同組合が"組合員利益のために"という身内組織に見られたとしても、協同組合は「国の形」を変えるための、公共性をもったさまざまなアクションを外部に発信できると思っている。NPO が社会で高く評価され、協同組合がやや冷ややかに見られているのは、NPO は"不特定多数（万人）のために"

であるのに対して、協同組合は"組合員のために"であることに甘んじているからであろう。協同組合組織は"組合員のために"であることに甘んじざるをえないが、協同組合精神は"一人は万人のために、万人は一人のために"であり、協同組合精神から自然に生まれてくる「万人のために」の活動を協同組合組織がサポートしにくいとなれば、協同組合は"仏作って、魂入れず"になってしまう。

④ 「効率性・小さな政府 vs. 公平性・大きな政府」と協同組合

「市場（自助）vs. 政府（公助）」の対立軸では、右肩上がりの経済成長のときには、公平性・大きな政府が求められ、右肩下がりの経済成長のときには、効率性・小さな政府が求められる。経済が停滞すると、一方で、新自由主義の市場原理主義に基づいた経済効率の向上を優先させたり、新保守主義者の主張する小さな政府の確立のために国営企業や公益部門の企業の民営化を実行しようとし、他方で経済改革による痛みはすべて弱者に押し付けられる。右肩上がりの経済成長のときには、経済の果実（パイ）をいかに公平に分配すればよいのかが問われ、右肩下がりの経済成長のときには、経済の果実（パイ）をいかにすれば大きくできるのかが問われる。現在の日本経済は経済格差（貧困）問題をかかえながらも、経済回復（パイ拡大）のための競争政策が提案されている。協同組合は、市場（自助）でもない、政府（公助）でもない、第3の担い手として、Social Economy のコアあるいは社会的企業（Social Enterprise）になっている。

第10章　本書のメッセージ

本書は金融経済学者によって書かれた協同組合精神に関する発信の書
　協同組合は経済学的側面と社会学的側面の2つの面を有しているが、これまでの協同組合の著作は主として社会学者（賀川豊彦を含めて）によって書かれたものであり、経済学者によって書かれたものは少ない。本書は、2012国際協同組合年にあたり、自立・互助が国の形を変えるという熱い信念をもった一金融経済学者によって書かれた、日本人すべてに向けた発信の書である。

本書は金融経済学者としての懺悔の書、転換の書、決意表明の書
　私が金融経済論を学び始めたのは山崎豊子の小説「華麗なる一族」（1970年3月から1972年10月までの、神戸銀行をモデルにした連載小説）の時代であり、そこでは金融が実体経済の原動力であり、金融のダイナミズムがとても好きであった。しかし、神戸大学経済学部で金融経済論を教えはじめるようになってからは、金融は批判の対象になるばかりで、日本経済がどんどん衰退していく中での市場の暴走を目にしたときに、それは金融の暴走であり、金融の混乱が実物経済を駄目にしてしまったのではないかという自責の念ばかりである。
　私はすっかり金融嫌いになってしまったが、金融経済学者としての懺悔の念をいだきなから、「なんとかして日本経済を再生しなくてはならない」という前向きの気持ちにならせてくれたのが「協同組合精神」であり、自助、公助のいずれでもない第3の道の担い手になって欲しい協同組合主義であった。本書は、金融経済学者としての懺悔の書であり、「自助 vs. 公助」から「自助・公助 vs. 共助」への私の経済学者としての転換の書である。本書を通じて、協同組合人、組合員、非組合員に対して、以下のメッセージを伝え、私自身はこれ

から協同組合精神によって日本を再生することをめざしたい。大学は知を生み出すところであり、日本の経済社会を変えうるエネルギーを有しているところである。私は、大学生協の「協同組合精神」が若者の自立を育むという意味で国の形を変えることができると思っている。大学生はこれからの日本の経済社会を担っていく人たちであり、協同組合精神（自立・互助）を理解・実践できる大学生が増えれば、日本はきっと再生されるであろう。本書は、私が大学生協にコミットし、国の形を変えるという協同組合人としての決意表明の書である。

1　本書のメッセージ(1)：国の形と協同組合精神

(1)　2012年に求められるのは協同組合精神のアピール
なぜいま協同組合か

国連が2012年を国際協同組合年としたことは、東日本大震災にあった日本にとってはとりわけ時宜を得たものになっていると思うが、「なぜいま協同組合か」を私なりに考えるとき、「2012年を『国際協同組合年』とする国連総会宣言」の内容は協同組合の組織のことばかりで、協同組合精神への言及がまったくないことに失望している。

それに対して、茂木守（当時）・日本協同組合連絡協議会委員長（全国農業協同組合中央会会長）は、「2012年を『国際協同組合年』とする国連総会宣言について（談話）」（2009年12月21日）の中で、「2009年12月18日、第64回国連総会において、来る2012年を『国際協同組合年（International Year of Co-operatives）』とすることが宣言されましたことを、日本の協同組合組織12団体を代表して心から歓迎いたします。いま、世界的危機の中で、われわれ日本の協同組合は、地域で多様な連携・ネットワークを構築して協同の輪を広げ、経済社会の発展と国民の暮らしにより一層貢献していきたいと考えております。また、世界の協同組合との連携を深めるとともに、開発途上国の協同組合育成に対する協力活動を拡充したいと考えております。この宣言を契機として、2012年の

『国際協同組合年』に向けて、日本国政府ならびに関係機関や国際協同組合同盟（ICA）などと協力し、また、広く国民に参加を呼びかけて、現代における協同組合の価値、役割について社会にアピールする取り組みを展開してまいる所存です。」と述べ、経済社会の発展と国民の暮らしの向上のために「協同」「協同組合の価値」（協同組合精神）をアピールする取り組みを行うと正しく明言している[1]。

2012国際協同組合年は協同組合精神をアピールする年

ICAには、2012年3月時点で、世界96カ国から、267の協同組合全国組織が加盟している。日本には、09年3月末時点で、36,492の組合数、80,259千人の組合員数がいる。このような巨大になっている協同組合組織をつかまえて、組織の成長・設立ばかりを訴える「2012年を『国際協同組合年』とする国連総会宣言」は日本の協同組合組織にとっては実に奇異なものであり、2012年に求められているのは、協同組合の価値（協同組合精神）のアピールであるということを言いたい。協同組合精神を有しない経済組織はもはや協同組合に値しないと思うので、2012年は巨大化した協同組合に、協同組合精神を再認識してもらう年にしてもらいたい。

(2) 賀川豊彦ならば国際協同組合年に何を言うのであろうか

協同組合精神（協同）の組織化

もともとはボランティアの1人にすぎない賀川豊彦がなぜワシントン大聖堂に日本人としてただ一人、彫像が掲げられているのであろうか。その理由を、賀川豊彦は「友愛（兄弟愛）精神の組織化」であると言うであろうが、本書は「協同組合精神（協同）の組織化」に求めたい。賀川豊彦が現在生きていて、国際協同組合年に何を言うのであろうかと思いをめぐらせるとき、私は賀川豊彦が「私が行おうとしたのは協同組合精神（協同）の組織化であるのに、現在の協同組合は協同組合精神を失いつつある巨大経済組織になってしまっている」と言うかもしれないと思う。賀川豊彦が経済社会システム問題を論じると

き、機構の巨大化は悪であるととらえている。賀川豊彦の「人格経済」は信頼関係に基づく"face-to-face 経済"を意味し、機構の巨大化は"face-to-face 経済"を阻害するのである。

協同組合の精神：『友愛の政治経済学』

Kagawa［1937］は「一般的に言って、協同組合経営は組合員の宗教的な社会意識の目覚めに依存するであろう、と言うことができる。もし組合員が総じて利己的であるならば、利益はすべて配当の形で組合員に戻って来るべきだ、と主張をするであろう。他方、組合員が愛他的であるならば、協同組合の収益の一部を社会の利益に向けていく価値を認めるであろう。」（訳書 p.98）と述べ、協同組合の社会貢献は組合員の愛他精神から必然的に行われると論じている。

協同組合精神がよりよい社会を築きます

国連の国際協同組合年（IYC）スローガンは"Co-operative enterprises build a better world"であり、それは「協同組合がよりよい社会を築きます」と訳されている。私は、本書を通じて、co-operative enterprises（協同組合組織）ではなく、協同組合精神（「協同」：正直、公開、社会的責任、他人への配慮）がよりよい社会を築きますと言いたい。

(3) 第3の道の担い手としての協同組合主義が国の形を変える

グリーン ICA 会長の演説

2011年10月31日にニューヨークで行われた国連総会で、「国際協同組合年（IYC）」が正式に始まった。当日の国連総会では、グリーン（Dame Pauline Green）ICA 会長が閉会演説を行い、次のように述べて、協同組合が他の事業体と同等に扱われるように訴えた。「第1に、組合員が所有する協同組合は、無視できない規模を誇る本格的な事業モデルです。したがって、協同組合独自の法的・財政的枠組みが、政策などでしっかりと認識されることを求めます。

第2に、組合員が所有する協同組合は、価値に基づく事業です。私達の価値観は事業に組み込まれているもので、年に1回『社会的責任』の報告書を書く為のものではありません。(中略) 協同組合が株式モデルと同等の振興策を得られるよう求めます。第3に、私達のガバナンス（統治）モデルは、人を中心に据えています。(中略) 世界経済はもっと多様であるべきで、組合員が所有する事業モデルである協同組合が、他の事業体と同等に扱われるよう求めます。」
(http://www.iyc2012japan.coop/whatsnew/news111114_02.html)[2]

第3の道の担い手としての協同組合主義が国の形を変える

「世界経済はもっと多様であるべき」であり、官でもなく（政府の失敗）、民でもなく（市場の失敗）、第3の道の担い手としての協同組合が国の形を変えることができるかもしれない。グリーンICA会長は、協同組合の事業は協同組合の価値（自助、自己責任、民主主義、平等、公平、連帯といった6つの価値）に基づくものであり、協同組合のアイデンティティは「私達の価値観は事業に組み込まれている」こと、すなわち事業が協同組合の価値に基づいた方法で行われていることを正しく指摘しているように思える[3]。

協同組合の成長は官・民のバランスをはかる：官・民・協同組合の三分法

ICAは、協同組合が「経済的活力」と「社会的責任」を両立することができると述べ、協同組合のビジネスモデルが第3の道になりうると論じている。1995年ICA声明はグローバル競争の進行の中で作成されたこともあり、協同組合の理念が民間企業へ歩み寄っている。また、市場の暴走・混乱を経験しながら、民間企業の理念はCSR（Corporate Social Responsibility：企業の社会的責任）の導入などにより協同組合へ歩み寄っている。官・民の二分法ではなく、政府（官）・民間企業（民）・協同組合のそれぞれがアイデンティティを再認識しながら、官・民・協同組合の三分法で国の形を構築すべきではなかろうか。政府（官）は社会的責任を、民間企業（民）は経済的活力をそれぞれもっぱら追求し、協同組合は経済的活力と社会的責任の両立を追求すればよいであろう。

イギリスでは「協同組合の主流化」が議論されているが、協同組合の成長は、官・民の二分法上での官・民のバランスをはかっていることになる[4]。

(4) 公助は自立を失わせ、共助は自立を育む
共助は自立を育む：賀川豊彦の実体験

賀川豊彦『人格社会主義の本質』は、共助は自立を育むについて、次のような興味深い実体験を書いている。

「私は、1923年9月1日の関東大震災の時、同志と共に東京本所区横川町付近の貧しい人々に、金融する為に1万円の金を貸して上げた、然し、その1万円の資本は、借りて行った切り、誰れも返へしに来なかった。それで私は、新しき組織を考へて、同志と共に、質庫信用組合を始めた。資本金はたった3,000円。しかし今日では、それがだんだん大きくなって、近所の人々から、1,200万円を預り、650万円を板橋区の細民、向島区の細民諸君に金融することが出来ている。勿論営利が目的でないから、普通の質屋の4分の1の利息で貸している。質物は殆ど流した事がない。面白い事には、信用があると見えて、『昔10円借りて嬉しかったから、毎月10万円づつ積立貯金をさして呉れ』と申し込んで来る義理堅い電気屋さんもいる。1万円貸与へて、余り社会的効果を発揮し得なかったが、信用組合に組織変へして、数万名の人々に喜ばれ、真に無産者の友として、その日その日の配給品の買へない人々の金融を助け得る事を私達は喜んでいる。何人にも迷惑をかけず、何人をも搾取せず、貧しき人に対して出来るだけ多くの奉仕をしようと思った計画が、不思議に貧しき人々の支持を得て、二年近く運転していることは、その社会目的の純粋さに、多数の人が共鳴したとしか考へられない。かかる社会連帯意識性そのものが、神聖なる金融の基礎であると云はねばならぬ。」(pp.75-76)

上記の実体験は金融における「共助は自立を育む」を示している。賀川豊彦の自己資金による貸付は貧しき人にとっては"天から降ってきたお金"であり、自立を失わせる。しかし、貧しき人たちから集めた他人資金による貸付は貧しき人にとっては"隣人からのお金"であり、貸手・借手間の共生（ともいき：

私の生命が他人の生命によって生かされており、また私が生きる意味は他の生命を生かすことによって実現する）は自立を生む。

所得格差是正策：政府の上から目線 vs. 協同組合の同一目線

狭義の市場の失敗は「資源配分の非効率性（無駄）」を生むことであるが、広義の市場の失敗の1つは「所得分配の不公平性」を生むことである。市場（民間）だけに任せておけない理由の1つは、所得分配の不公平性（所得格差）であり、政府は所得格差是正のために市場に介入するのであるが、それは天からお金が降ってくる錯覚をもたらすような上から目線の施策である。所得格差是正策として、「官 vs. 協同組合」だけを問題にすれば、政府（官）が「天からお金が降ってくる錯覚をもたらすような上から目線」であるのに対して、協同組合は「隣人からの援助をこのたびは受ける同一目線」である。「天からお金が降ってくる錯覚をもたらすような上から目線」の所得格差是正策は人々の自立を失わせ、たかり精神を生みかねないが（政府の失敗）、「隣人からの援助をこのたびは受ける同一目線」の所得格差是正策は"今回は隣人の世話になるが、次回は隣人を世話する覚悟"を生むものである。本書のメッセージの1つは、所得格差の是正には、政府ではなく、協同組合で行うべきであるということである。

自立は共同的活動の目的である：共助は自立を育む

本書は、自助を原理とする市場（民）でもない、公助を推し進める政府（官）でもない、第3の道としての共助（協同組合精神）を謳う協同組合の重要性を強調し、「共助（協同組合精神）こそが日本人を変え、日本国の形を変える」と主張するものである。共助（協同組合精神）は自助（自分のことは自分で行う：自立）を生むのであり、「官 vs. 民」の二分法で、「天からお金が降ってくる錯覚をもたらすような」公助が人々の自立を失わせたことの反省として自助の重要性を強調しすぎるのではなく、「自助、公助、共助」の三分法で、「隣人からお金が降ってくる」共助が自助（自立）を育むということから、国

の形として共助(協同組合精神)の重要性を訴える必要があると思う。一人ひとりの自立は協同組合運営の前提条件であるが、自立は共同的活動の目的であることを忘れるべきではない。「万人は一人のために」という共同は、"万人が私を助けてくれるであろう"という自立喪失錯覚を生むのではなく、「一人は万人のために」という自立を生むというところが協同組合のアイデンティティである。

2　本書のメッセージ(2)：協同組合について

(1)　協同組合の存続には、事業と運動のバランスが重要
事業は収支適合的であり、運動は収支適合的でない

　消費生活協同組合法第10条「事業の種類」、神戸大学生活協同組合定款第3条「事業」のいずれも、レイドローの経済的目的事業と社会的目的事業の区別を行っていない。経済的目的事業はプラスの利益をもたらしうる事業、社会的目的事業はマイナスの利益をもたらす事業をそれぞれ意味していると思われる。すなわち、経済的目的事業は収支適合的である事業、社会的目的事業は収支適合的でない事業である。「民間企業 vs. 協同組合」で言えば、民間企業は基本的にはプラスの利益をもたらしうる事業(経済的目的事業：事業)だけを行っているが、協同組合はプラスの利益をもたらしうる事業(経済的目的事業：事業)とマイナスの利益をもたらす事業(社会的目的事業：運動)の両方を行っている。

協同組合の存続には、事業と運動のバランスが重要

　事業に失敗している協同組合は運動を行えないので崩壊し、また運動に専心している協同組合は事業を軽視することになってしまい崩壊する。協同組合の存続のためには、事業(経済的目的事業)と運動(社会的目的事業)の両方をバランスよく行うことが肝要である。協同組合にとっては事業と運動は代替関係ではなく、補完関係にあるものであり、「何が事業で、何が運動であるのか」

をつねに意識し、それぞれの収支の数字をつかみながら、事業と運動のバランスをはかるべきである。

　古典派経済学の大御所である A. マーシャルは、メアリー夫人との共著『産業経済学』（1881年第2版）の「第9章協同組合」の中で、「それらは近隣における通常の小売り価格をつけ、各四半期末における総利潤から、資本利子および減価と拡張のための引当金が控除される。そして最優秀な店舗では、2.5パーセントが、読書室、図書室、講義および教育的目的一般に用いられる。その残りは、もしも運動の指導者たちが思い通りにするのであれば、全雇用人たちと店の会員に、その賃金ないし四半期における購買額に応じて分配される。」（訳書 pp.275-276）と述べている。「読書室、図書室、講義および教育的目的一般」は本書の用語法での運動であり、運動費用の目安が設定されている。

(2)　「民間企業は営利、協同組合は非営利」は本質ではない
日本生活協同組合連合会は協同組合の非営利性を自慢

　日本生活協同組合連合会は「協同組合とは、人と人の結びつきによる非営利の協同組織」（http://jccu.coop/aboutus/coop/）と述べ、非営利であることを誇らしげに言っている。一般には「民間企業は営利、協同組合は非営利」とされているが、「営利組織 vs. 非営利組織」は、利益を組織外部の株主に分配するのが営利組織、利益を組織内部で分配するのが非営利組織ということであり、「営利 vs. 非営利」は組織の視点からの話で、社会全体についての話ではない。非営利はあくまでも組織の利益がゼロということだけで、それがそのまま社会全体の厚生（満足）を高めているわけではない。非営利を自慢げに主張する協同組合があるが、非営利は単に組織のどんぶり勘定での利益がゼロであるということだけで、社会貢献をまったく意味しないので、まったく自慢にならない。現に、1995年 ICA 声明における協同組合の定義「協同組合（co-operative）は、共同所有され、かつ民主的に管理された事業体（enterprise）を通して、共通の経済的、社会的、文化的なニーズと願いに応えるために、自発的に結合された人々の自治的な組織である。」の中には「非営利」の文言はないのである。

2つの利益ゼロ：低利益・低水準運動 vs. 高利益・高水準運動

　消費生活協同組合法第9条は「組合は、その行う事業によつて、その組合員および会員に最大の奉仕をすることを目的とし、営利を目的としてその事業を行つてはならない。」と規定しているが、同規定は経済的目的事業と社会的目的事業の区別を行うことなく、事業全体が営利を目的としたものであってはならないとしている。しかし、レイドローに従えば、協同組合の存続のためには、事業（経済的目的事業）で利益を稼ぎ、稼いだ利益を運動（社会的目的事業）で使い、事業と運動をバランスよく行うことが重要であるとされる。何をもって「営利性」があるのかについては、「構成員に対して利益を分配する（利益分配基準説）」と「利潤の獲得を目的として事業活動を行う（事業目的基準説）」の2つがあり、この意味での営利性は協同組合にはあると思う。大学生協が事業・運動のどんぶり勘定で利益（剰余）ゼロであればよいことを口実にして、「事業の低効率ゆえの低利益、低利益ゆえの低水準運動」と「事業の高効率ゆえの高利益、高利益ゆえの高水準運動」といった2つのどんぶり勘定での利益（剰余）ゼロを混同してはならない。

協同組合の社会貢献は事業・運動の公共性に求められる

　民間企業はプラスの利益をもたらしうる経済的目的事業（事業）のみで、事業からのプラス利益の最大化をめざしているが、協同組合はプラスの利益をもたらしうる経済的目的事業（事業）とマイナスの利益をもたらす社会的目的事業（運動）の両方を行い、事業で利益を得て、その利益を運動に注入して、全体として利益ゼロ（つまり、利益はすべて組合員に還元する）である。

　利益が正常利潤であれば、利益は美しいものであり、民間企業が過去最高の利益をあげたとき、その民間企業は過去最大の社会貢献をしたものと自画自賛するであろう。経済事業体の正常利潤がゼロであることを「非営利」と呼んで、自慢することは大きな勘違いである。「協同組合を非営利とみなす」真の意味は、協同組合が事業で"美しい利潤"をあげ、その"美しい利潤"を原資とし

て運動を行い、合計で、組合員の経済的、社会的、文化的ニーズと願いを満たすことである。もし「協同組合を非営利とみなす」ことを、協同組合が事業で利益をあげなくてもよいと解釈することは、協同組合がお金の裏付けを必要とする運動を行うことができないことを意味する。そして、さらに言えば、営利・非営利は組織内の話であり、協同組合が合計で非営利をめざしているとしても、それをもって組織外（社会）貢献とみなすことはできない。つまり、非営利であることだけをもって自慢できるのではなく、協同組合の社会貢献は事業・運動の公共性に求められる。

(3) 政治問題と協同組合：協同組合は協同組合精神だけをアピール
政治問題と協同組合

大学生協の学生委員会の一人が卒業論文で大学生協を批判していることを、大本隆史・全国大学生協連常務理事から聞いたので、「なぜ大学生協の理念は形骸化したのか？――社会の変容と組織の変容をみつめる――」を書いた津田塾大学学芸学部の甲祥子さんを紹介してもらった。卒業論文についての2時間の議論の中で、および昼食時の雑談の中で、政治問題と協同組合が1つの話題となった。例えば、「原子力発電問題」に対して、協同組合がどのように取り組めばよいのかという話題である。

私はなぜ大学生協の活動にかかわるようになったのか

甲さんが私に「なぜ大学生協の活動にかかわるようになったのですか」と聞いたので、私は「神戸大学生協の教員理事になったきっかけはゼミの先輩教員の後任であった。学生時代に体育会ラグビー部に所属していたので、ラグビーの"one for all, all for one"の精神が協同組合の精神でもあることを知ってから、大学生協へのかかわりに熱心になった。」と答えた。「ラグビーでは私が前にボールを蹴ると、私より前にいる人はボールに触ることができないので、私より前にいる人がボールに触れるようになるためには、私が私より前にいる人の前に出るように走らなくてはならない。つまり、自立があってこそ、他人を生か

すことができるのである。」と追加説明した。協同組合というのは、まずは一人ひとりの自立から始まる。一人ひとりが弱いとき、弱者がそれぞれ一人で行いうることには限度があるので、そんなとき、弱者同士が協同して行えば、一人でできなかったことが行えるようになる、というのが協同組合のそもそもの成り立ちである。そんな一人ひとりの弱者に「原子力発電問題」と問いかけて、さあどのような反応があるのであろうか。一人ひとりの弱者にとって関心があるのは「自立」「互助」にすぎないのである。

協同組合精神のすすめを邪魔する政治問題を取り上げるべきではない

ICAの1937年協同組合原則には、「政治的・宗教的中立」という論争をよんできた原則があったが、1995年原則は協同組合が政府、政党、宗教等から独立した、自治と自立の組織であることを明瞭にうたっている。1995年ICA声明の第1原則は「自発的で開かれた組合員制度」であり、協同組合が性別による、あるいは社会的（文化的）・人種的・政治的・宗教的な差別を行わないことを意味している。つまり、原子力発電に賛成の人も、反対の人も組合員になれることを意味している。私は協同組合・協同組合人・組合員が政治に無関心であってはならないが、賛否が分かれる政治テーマを協同組合は取り上げるべきでないと思っている。官でもない、民でもない、第3の道の担い手になりうる協同組合の最大の利点は、協同組合精神（正直、公開、社会的責任、他人への配慮：協同）が性別、文化、人種、政治、宗教を超えたきわめてユニバーサルなものであることである。国の形として協同組合精神（協同）をすすめるためには、それを邪魔するような政治問題を協同組合が取り上げるべきではない[5]。

協同組合精神だけをあらゆる場面でアピール

生活協同組合は生活を守るものであり、平和と生活は一体なので、協同組合が平和問題を取り上げるのは当然であるとする協同組合人がいる。しかし、私は「自立・互助」の必然的結果として平和は生まれるものであるので、平和は協同の結果であり、平和を協同の目的にしなくてもよいと思っている。1995年

ICA 声明においては、協同組合の目的は組合員共通の経済的、社会的、文化的なニーズおよび願いを満たすことであり、平和が協同組合民主主義（一人一票）によって決定された組合員共通のニーズおよび願いである限りにおいてのみ、協同組合は平和問題に取り組んでよいであろう。一人ひとりの弱者にとって関心があるのは「自立」「互助」であり、そんな弱者に平和問題を取り上げるように仕向けてもどれだけの効果があるのであろうか。「平和はじっと待っているだけでは得られない」「平和を得るためには国防が必要である」「国防がなくても、外交で平和を得ることができる」などなどが言われる中で、政治の色がついている問題を取り上げて、それが国の形として協同組合精神（協同）をすすめることを阻害するならば、平和問題であっても取り上げるべきではない。協同組合精神（正直、公開、社会的責任、他人への配慮：協同）だけが重要なのであり、みんなが協同組合精神を遵守すれば、平和をおのずから獲得・維持できる。協同組合が平和をわざわざアピールする必要はなく、協同組合は協同組合精神（正直、公開、社会的責任、他人への配慮：協同）だけをあらゆる場面でアピールすればよい。

「平和」と「より良い生活」を協同組合精神に基づいた方法で達成

毎年7月の第1土曜日は「国際協同組合デー」である。国際協同組合デーは1922年に ICA で定められ、1995年の ICA 設立100周年に際し、国連も同日を「協同組合の国際デー」と認定した。国際協同組合デーは「世界の協同組合に携わる人々が、平和とより良い生活をめざして協同組合の前進を誓い合う日です」（日本生活協同組合連合会）とされ、「平和」と「より良い生活」がセットで目的とされている。協同（自立・互助）によって何がもたらされるか、協同（自立・互助）が何をめざすかの問題であるが、協同組合が平和問題を取り上げるにしても、あくまでも協同組合精神に基づいた平和問題への取り組みに限るべきで、それ以外の平和維持方法の賛否を取り上げるべきではない。つまり、「平和」と「より良い生活」をセットで目的にするとしても、それらは協同組合精神に基づいた方法で行われねばならない。協同組合の目的は組合員の経済

的・社会的・文化的ニーズと願いを満たすことであり、「平和」と「より良い生活」は組合員の経済的・社会的・文化的ニーズと願いであるとしても、協同組合のアイデンティティは「平和」と「より良い生活」を目的としていることではなく、それらを協同組合精神に基づいた方法で達成するところにある。

政治問題を取り上げて組合員が学び合うのは良い

ICA原則中の「協同組合の『政治的中立』『政治からの独立』」は政治的無関心をけっして意味するものではない。協同組合で、政治問題を取り上げて組合員が学び合うのは良いことであるが、協同組合として、「政治の色のある、賛否が分かれうるメッセージ」を出すのは、協同組合精神のユニバーサル性から、厳につつしむべきである。

(4) 協同組合の組織構造と協同組合間協同

大学生協の組織構造に対する1人の学生委員の批判

大学生協の学生委員会の一人である津田塾大学学芸学部の甲祥子さんは、大学生協の事業・運動を見て、卒業論文の中で「組織の変容による弊害とは、生協が巨大化したことによる、組合員への意識の薄れである。連合会ができる前は、各会員生協でそれぞれの組合員に対して、それぞれのニーズに合わせて、事業や活動を行っていれば良かった。しかし、連合会や地域センター（現在のブロック—引用者注）ができ、その存在が当たり前になるにつれ、本来はサポート役であったはずのそれらの組織に、各会員が依存するようになった。そして、目の前にいる組合員の現状に沿った活動でなく、連合会から言われたことをただこなすだけになってしまう。連合会も自らの組織維持に頭をもたげられるようになる。そして事業連合自体が主体になり、ますます依存するという悪循環が生まれる。あくまでも、会員生協が主体で、その上で連帯意識があるべきだ。」と述べ、大学生協の組織構造を批判している。

協同組合間協同がうまくいくには組合員に対する教育が重要

　一人ひとりが弱いとき、弱者がそれぞれ一人で行いうることには限度があるので、そんなとき、弱者同士が協同して行えば、一人でできなかったことが行えるようになる、というのが協同組合のそもそもの成り立ちである。これは1つの大学の生活協同組合（単協）についてもあてはまることで、1つひとつの大学生協が弱いとき、弱者がそれぞれで行いうることには限度があるので、そんなとき、弱者同士が協同して行えば、1つの大学生協（単協）でできなかったことが行えるようになる、というのが各地域の事業連合、ブロック、全国大学生活協同組合連合会のそもそもの成り立ちである。1つひとつの大学生協（単協）の間の協同は方向としては間違っていないが、協同組合間協同が組合員意識の希薄をもたらしているとすれば、それは協同組合間協同のあり方を再考しなければならないであろう。

　協同組合間協同には、タテの協同（協同組合と協同組合連合会の協同）とヨコの協同（異種協同組合間あるいは異種協同組合連合会間の協同）があるが、協同組合間協同がうまくいくには組合員に対する教育が重要である。

(5) 協同組合の整理分類と協同組合全体の基本法制定

協同組合に関する基本法を制定し、各協同組合の位置関係を明確にする

　日本には、協同組合全体を規定する法律はない。各協同組合は、その事業内容に基づいた根拠法を有するだけであり、各協同組合それぞれは、経済全体の運行の中で、どの位置にあり、どのような具体的役割を果たさなければならないのかを明確にしていない。日本において協同組合精神を基礎とした経済社会を構築するためには、協同組合を分類し、協同組合全体に関する基本法において、各協同組合がそれぞれどのような位置関係にあるのかをはっきりさせなければならない。各協同組合が経済全体の中での立ち位置をはっきりさせ、そのうえで互いに尊敬し合うようにすることが肝要である。

3　本書のメッセージ(3)：大学生活協同組合について

(1)　大学生活協同組合が国の形を変える
協同組合精神を理解・実践できる大学生が増えれば、日本は再生する

　大学生協が活動（事業・運動）を行っている区域には、組合員としての学生（学部生、大学院生、留学生）、教員、職員と、非組合員、生協職員がいる。協同組合は「人と人とのつながりによって成り立つ」と言われているが、大学生協は、組合員としての学生（学部生、大学院生、留学生）、教員、職員のキャンパス・ライフにおける対等な人間関係によって成り立っている。すなわち、他の経済組織内に見られる「上から目線」の人間関係ではなく、組合員の「同一目線」からの自立・互助によって成り立っている。

　大学生協は利害の異なる学部生、大学院生、留学生、教員、職員、生協職員から成り立ち、そこでの協同組合精神（自立・互助）に基づく事業・運動の成功は協同組合のモデルになりうるものであり、まさに大学生協は国の形を変えうるのである。大学は知を生み出すところであり、日本の経済社会を変えうるエネルギーを有しているところである。大学生はこれからの日本の経済社会を担っていく人たちであり、協同組合精神（自立・互助）を理解・実践できる大学生が増えれば、日本はきっと再生される。

日本国全体のフリーライダー風潮を是正：非組合員の組合員化

　大学生協は自発的に手を結んだ人々の自治的な組織であり、大学生協加入はたしかに任意である。しかし、組合員出資金などによって運営されている大学生協を出資金を出さずに（つまり、組合員にならずに）利用することは自立・互助組織へのただ乗りであり、本書が国の形として重視している「協同組合精神」に著しく反している。望ましいのは「一人は万人のために、万人は一人のために（one for all, all for one）」といった大学生協の精神を理解したうえでの加入である。非組合員の組合利用（ただ乗り）は共助（協同組合精神）を欠く

ことになるという意味で慎まれなければならない。

　非組合員をどのように取り扱えばよいのかについては、1995年ICA声明、消費生活協同組合法、神戸大学生活協同組合定款、実態の間で齟齬があるが、本書のメッセージの1つは、国の形としては「共助（協同組合精神）」を採用すべきで、非組合員の組合利用はフリーライダー（ただ乗り）であり、日本の国の形を変えるために是正しなければならないのはこの種の「分捕り精神」「ただ乗り精神」であるというものである。実態では、非組合員の組合利用厳禁ということにはなっていないが、大学生協は、たんに組合事業運営のためにだけでなく、国の形としての「共助（協同組合精神）」を推し進めるために、非組合員の組合員化をはかり、日本国全体のフリーライダー（ただ乗り）風潮を是正するように努めなければならない。

(2) 組合員による参加型経営：組合員とともに何ができるのか
大学生協のアイデンティティは組合員による参加型経営

　株式会社では株主が必ずしも利用者であるとは限らないが、協同組合（大学生協）の特徴の1つは、出資者は必ず利用者（顧客）であることであり、組合員は利用するために出資するのである。また、大学生協のビジネスモデルの特徴の1つは組合員による参加型経営であり、これに関して、全国大学生活協同組合連合会は「生協が組合員の要望をきちんととらえる努力を行うことはもちろんのこと、組合員自身が積極的に生協に意見を出し、運営に参加をすることがとても大切です。」と述べている。「生協なら何とかしてくれる」「生協は意見を聞いてくれる」というのは利用者目線からの話で、顧客の意見を取り入れるのは他の経済事業体においても行っていることであり、大学生協のアイデンティティではない。大学生協のアイデンティティは「私の願いは他組合員の願いでもあろう、私の困難は他組合員の困難でもあろう」ということから、願いの実現や、困難の解決のために、組合員が大学生協運営（事業・運動）に参加する点である。生協職員に生協運営をすべて委ね「組合員のために何ができるのか」というのは私企業ビジネスモデルと同じであり、大学生協のアイデンテ

ィティは「組合員とともに何ができるのか」という組合員による参加型経営である。

(3) 組合員のニーズと願いを"大学生協らしさ"に基づいた方法で満たす

全国大学生協連の設定した4つの使命

全国大学生協連が、「1. 学生・院生・留学生・教職員の協同で大学生活の充実に貢献する」「2. 学びのコミュニティとして大学の理念と目標の実現に協力し、高等教育の充実と研究の発展に貢献する」「3. 自立した組織として大学と地域を活性化し、豊かな社会と文化の展開に貢献する」「4. 魅力ある事業として組合員の参加を活発にし、協同体験を広めて、人と地球にやさしい持続可能な社会を実現する」といった、4つの使命（「大学生協は本来何であるか、何でなければならないか」）を設定すること自体で、大学生協の体をなしていると判断するのは問題である。これらの使命のうち1、4を除いては、他の形態の経済・社会・文化組織でもなしうるのであり、使命の設定内容に大学生協のアイデンティティがあるわけではない。使命の設定内容に"大学生協らしさ"を求め、目標の"大学生協らしさ"に満足してはいけない。たしかに、大学生協らしさを漂わせる使命・目標はあるであろうが、使命・目標はあくまでも組合員の経済的・社会的・文化的ニーズと願いを満たすことであるべきである。

大学生協のアイデンティティは6つの価値に基づいた方法による目的達成

私の理解では、大学生協の目的はきわめて単純であり、それは組合員の経済的・社会的・文化的ニーズと願いを満たすことである。大学生協のアイデンティティは自助、自己責任、民主主義、平等、公平、連帯といった6つの価値（"大学生協らしさ"）に基づいた方法で、協同組合民主主義（一人一票）プロセスで決定される組合員の経済的・社会的・文化的ニーズと願いを満たすことである。

(4) 大学生協の教育的役割：協同が育む学生の自立
全国大学生協連『二十一世紀委員会答申』
　全国大学生協連二十一世紀委員会『二十一世紀委員会答申』は「大学生協がこうした努力や成果を、今後もますます強め発展させていくことが必要であることはいうまでもないが、今やそれに加えて、教育的機能への貢献を高めていくことが求められている。現在、上述したような大学の変化のもとで、学生をめぐる教育環境も大きく変わろうとしている。また、入学してくる学生の社会的経験の低下が危惧されるなかで、大学側の生活指導体制は、その多様化のなかでむしろ弱体化することが心配される。このような状況のもとで大学生協に期待されることは、従来のいわば教育補助的機能から一歩踏み込んで、大学との協力関係を深めつつ積極的に社会人形成のための教育機能への貢献と活動とを展開していくことであろう。協同組合は本来その教育的機能を重視してきており、今次のICA大会の『報告書』でも教育が基本的原則のひとつとして確認されている。教育の場たる大学を活動の場とする大学生協にとっては、それは一層重視されなければならない機能である。大学のすべての構成員が参加する大学生協はこのことを先ず自覚しなければならない。」(p.13)と述べている。『二十一世紀委員会答申』は大きな誤解をしている。大学生協が教育を事業・活動として取り上げるとすれば、その正当性は1995年ICA声明の協同組合の定義（組合員の経済的・社会的・文化的ニーズと願いを満たす）に求められるべきであり、大学生協を含む協同組合が重視している教育は、1995年ICA声明の協同組合の7つの原則のうちの第5原則にあたり、それは組合員向けの協同組合精神（組合員の信条・正直、公開、社会的責任、他人への配慮）の教育である。

全国大学生協連・教職員委員会は「エデュケーショナルコープ」を標榜
　現在の全国大学生協連・教職員委員会は「エデュケーショナルコープ」を標榜していて、「大学生協に教育的価値がある」と言っている。「大学との協力関係を深めつつ」というとき、問題は大学生協は大学と同じ内容の社会教育を行

うのか、同じ方法で社会教育を行うのかである。大学生協が教育事業を行うことだけをもって教育的価値があるとするのは、大学生協のアイデンティティでない。大学生協のキャリア教育事業のアイデンティティは、組合員に対するキャリア教育を通じて、正直、公開、社会的責任、他人への配慮といった４つの倫理的価値を啓蒙することにある。

大学生協が行う教育事業のアイデンティティは「同じ目線」から

2012年８月24、25日には、４年に１回の全国大学生活協同組合連合会・全国教職員委員会全国大会が三重大学で開かれ、その中の教育プロジェクトでは、「民間の教育プロにアウトソーシングした形での、組合員向けキャリア教育を行っている下関市立大学」と「大学生の手作りによる（上級生から下級生向けによる）、組合員向けキャリア教育を行っている岩手大学」の２つの事業例が紹介されているが、両大学生協のキャリア教育の比較は世間一般の用語法での教育的価値ではなく、協同組合の価値（自助、自己責任、民主主義、平等、公平、連帯）で判断されるべきである。岩手大学生協のキャリア教育は、世間一般で評価される質の高低はともかく、協同組合の価値を有している。大学生協が行う教育事業のアイデンティティは「上から下への」ものでなく、同じ目線からのものである。

「学び合い」は大学生協の教育事業・運動のアイデンティティ

大学生協神戸事業ブロックは大学生向けの消費者教育を担っているが、上から下への目線で、大学教員が実体験したことのない大学生消費者トラブルを大学生に説明するよりも、同じ目線で、消費者トラブルに遇ったあるいは遇いそうになった大学生が実体験として同じ大学生に説明するほうがはるかに有効である。同じ目線で行う教育、つまり「学び合い」こそが、大学生協の教育事業のアイデンティティである。とすれば、「大学生協の教育的価値」とは言わず、たとえば「大学生協の教育的役割：協同による学び」あるいは、全国教職員委員会全国大会（三重大学）のシンポジウム・テーマである「協同が育む学生の

自立」を取り入れて、「大学生協の教育的役割：協同が育む学生の自立」というべきではなかろうか。大学生協のキャリア教育事業のアイデンティティは、組合員に対するキャリア教育を通じて、正直、公開、社会的責任、他人への配慮といった4つの倫理的価値を啓蒙することにある。

(5) 大学生協は原点に帰るべし：「学生は学生の店へ」
「学生は学生の店へ」
　大学生協の店舗（「学消の店」）はもともとは、大学周辺のキャンパス外に、学生組合員の出資金で建てられたものであり、「学生は学生の店へ」というスローガンのもとで運営されていた。2004年4月の国立大学法人化を契機に、株式会社組織が店舗を開設するようになり、大学生協はいままでのキャンパス内独占を失うことになった。しかし、キャンパス内独占の地位を失っても、「学生は学生の店へ」という原点に戻り、大学生協は、組合員の経済的・社会的・文化的ニーズと願いを"協同組合らしさ"を有する方法で満たすことに専心すべきである。

組合員意識を高める：「情報の公開」と「情報の共有」
　大学生協の事業・運動の活性化には組合員意識の高まりが肝要である。組合員意識を高めるには、第1に、情報の公開が重要であり、各大学生協の理事会を公開し、組合員のオブザーバー参加を認めてはいかがであろうか。第2に、組合員民主主義は「一人一票」であるので、すべての組合員が情報を共有するようなより一層の工夫が必要であろう。

(6) 組合員利益と社会全体利益：コミュニティに対する貢献
講学上の中間法人としての協同組合は公益性を有していない
　協同組合が「構成員に対して利益を分配する」「利潤の獲得を目的として事業活動を行う」といった"営利性"を有しているにもかかわらず、協同組合は「非営利法人」と一般にみなされている。講学上の中間法人としての協同組合

は、「営利、公益のいずれをも目的としない中間目的の法人」であるとされているが、協同組合は「利潤の獲得を目的として事業活動を行う」という意味で営利性を有し、組合員に対してだけに利益を分配するので公益性を有していない。

なぜNPOに注目する大学生が大学生協に冷たいのか

私は、「なぜボランティアに積極的に参加する大学生たちは大学生協に無関心なのであろうか。NPOに注目する大学生が大学生協に冷たいのはどうしてなのか。」といった問題に対する解答は、大学生協の公益性の不足にあると思う。1995年ICA声明の協同組合組織の7つの原則のうちの第7原則は「コミュニティに対する関心：組合員とコミュニティの関係」であり、協同組合は組合員によって承認された政策を通じて、そのコミュニティの経済的、社会的、文化的な発展のために活動するというものである。協同組合の原則は、1966年原則の「組合員の利益を図るための協同組合」から、1995年原則の「コミュニティに貢献しうる協同組合」へ変わったのであるが、世間一般では、協同組合が組合員利益を超えたコミュニティ利益をめざしているとは見られていない。世間一般は、組合員のあらゆる気まぐれを許すほどに、組合員への配慮を拡大しなければならない組合員主権は愚かで行き過ぎた配慮であるとみなし、「協同組合は所詮組合員の利益集団であって、社会全体の利益を考えるNPOとは異質の存在である。」ととらえている。自助、公助に対して、協同組合は「共助」と言うが、しかしそれは組合員間の共助（互助）にすぎないのであり、非組合員一般からは冷ややかに見られているのかもしれない。

大学生協の陥っている深刻なワナ

大学生活協同組合の陥っている深刻なワナはつねに"組合員利益のために"という呪縛であり、一般には"一人は万人のために、万人は一人のために"は協同組合のスローガンになっているが、講学上の中間法人である協同組合（営利でもない、公益でもない、組合員互助をめざす法人）には不特定多数に奉仕

するという公益性を法律・定款上は十分発揮しにくくなっており、協同組合のスローガンは厳密には「一人の組合員はすべての組合員のために、すべての組合員は一人の組合員のために」という実に内向きの、外からは身内組織に見られかねないものである。私は大学生活協同組合が"組合員利益のために"という身内組織に見られたとしても、大学生協は国の形を変えるための、公共性をもったさまざまなアクションを外部に発信できると思っている。大学生協は"組合員のために"であることに甘んじざるをえないが、協同組合精神は"一人は万人のために、万人は一人のために"であり、協同組合精神から自然に生まれてくる「万人のために」の活動を大学生協がサポートしにくいとなれば、大学生協は"仏作って、魂入れず"になってしまう。

コミュニティに対する関心

民間企業、政府、協同組合のいずれであっても、コミュニティ作りを行うことが日本の経済社会再生にとって重要であり、協同組合だからといって組合員に対する内向きのことだけをしていてはいけない。神戸大学生協は組合員に対する経済的、社会的、文化的なニーズと願いを達成するために、一方でフルタイム職員（専従職員）25名、パートタイム職員275名の300人の生協職員を雇用しているが、それは地域コミュニティに対する雇用提供という社会貢献である。また、地産地消に取り組んで地元の食料品を仕入れているが、それは地域コミュニティ経済の活性化という社会貢献である。コミュニティ（社会全体）の声をも聴き、「コミュニティに貢献しうる協同組合」としての世間の認知を得るようにしなければならない。

注
1) ICAは世界最大の国際NGO（非政府組織）である。日本協同組合連絡協議会（JJC：Japan Joint Committee of Co-operatives）は、日本のICA（国際協同組合同盟）加盟組織がつくる、1956年設立の全国組織である。2011年2月現在、13団体が加盟している。
2) 2011年10月31日にニューヨークで行われた国連総会の前後には、円卓会議や記者会見が行われ、Global300という、世界で上位300の事業高の協同組合のリストが発表された。

Global300 の報告書では、08年の300組合の事業高は1.6兆米ドルで、世界第9位であるスペインの GDP と同水準であることが示されている。
3） レイドローは、協同組合は資本主義の修正ではなく、資本主義に対する代案であると論じている。
4） 滝川［2009］は、協同組合が主たる担い手になりうる国の形を「道徳経済」「社会連帯意識経済」と呼んでいる。
5）「消費生活協同組合法」第2条（組合基準）2には「消費生活協同組合及び消費生活協同組合連合会は、これを特定の政党のために利用してはならない。」と規定しているのであり、協同組合は特定の政党の主張を取り上げるべきではない。

参考文献

Frankl, V. E., *Ein Psycholog Erlebt Das Konzentrationslager*, Verlag für Jugend und Volk, Wien 1947（霜山徳爾訳『夜と霧』（フランクル著作集1）みすず書房、1961年3月）.

Fauquet, Georges, *Le Secteur Coopératif: Essai sur la place de l'Homme dans les Institutions coopératives et de celles-ci dans l'Économie*, 1935, 1942（中西啓之・菅伸太郎訳『協同組合セクター論』日本経済評論社、1991年12月）.

Japanese Consumers' Co-operative Union, JCCUNews, January 2012.

Laidlaw, A. F., Co-operatives in the Year 2000, prepared and introduced by Dr. A. F. Laidlaw, 1980（日本協同組合学会訳編『西暦2000年における協同組合（レイドロー報告）』日本経済評論社、1989年11月）.

Marshall, A. and M. P. Marshall, *The Economics of Industry*, London: Macmillan and Co., First Edition 1879, Second Edition 1881（橋本昭一訳『産業経済学』関西大学出版部、1985年3月）.

Kagawa, Toyohiko, *Brotherhood Economics*, 1936, 1937 edition, London（野尻武敏監修・加山久夫・石部公男訳『友愛の政治経済学』日本生活協同組合連合会出版部、2009年6月）.

賀川豊彦「自由組合論」（賀川豊彦全集刊行会編『賀川豊彦全集11』キリスト新聞社、1963年5月所収）.

賀川豊彦「家庭と消費組合」（賀川豊彦全集刊行会編『賀川豊彦全集11』キリスト新聞社、1963年5月所収）.

賀川豊彦「社会構成と消費組合」（賀川豊彦全集刊行会編『賀川豊彦全集11』キリスト新聞社、1963年5月所収）.

甲祥子「なぜ大学生協の理念は形骸化したのか？──社会の変容と組織の変容をみつめる──」（津田塾大学学芸学部の卒業論文）、2011年12月.

庄司興吉「21世紀市民社会と大学生協の新しい役割（特集　大学と大学生協）」『生活協同組合研究』第421巻、2011年2月.

生協制度見直し検討会（厚生労働省）「生協制度の見直しについて」平成18年12月.

全国大学生活協同組合連合会『大学生協ハンドブック（第8版）』2011年3月.

全国大学生活協同組合連合会二十一世紀委員会『二十一世紀委員会答申』1992年11月21日.

滝川好夫『資本主義はどこへ行くのか　新しい経済学の提唱』PHP研究所、2009年2月.

中川雄一郎編『生協は21世紀に生き残れるのか──コミュニティと福祉社会のために──』大

月書店、2000年8月。

中原准一「産業組合法の制定経過について（序）」『北海道大学農經論叢』第28集、1972年3月、pp.94-110。

日本銀行金融研究所「『組織形態と法に関する研究会』報告書」『金融研究』2003年12月。

日本経済新聞「『共助の時代』担う力を大きく育てよう（新しい日本を創る　最終回）」（社説）2011年5月9日。

日本生活協同組合連合会編『21世紀を拓く新しい協同組合原則』コープ出版、1996年1月。

2012国際協同組合年（IYC）全国実行委員会『2012国際協同組合年ってなに？〜日本の協同組合のいま〜』

2012国際協同組合年全国実行委員会編『協同組合憲章［草案］がめざすもの』（2012国際協同組合年記念出版）家の光協会、2012年4月。

濱田康行「大学生協共済連の発足にあたって──資本主義の現段階における共済理念──（特集　大学と大学生協）」『生活協同組合研究』第421巻、2011年2月。

和田寿昭「大学生協の事業環境の変化と当面の課題（特集　大学と大学生協）」『生活協同組合研究』第421巻、2011年2月。

http://jccu.coop/aboutus/vision/

【著者略歴】

滝川好夫（たきがわ・よしお）
　　1953年　兵庫県に生まれる。
　　1978年　神戸大学大学院経済学研究科博士前期課程修了（矢尾次郎ゼミ）。
　　1980-82年　アメリカ合衆国エール大学大学院。
　　1993-94年　カナダブリティシュ・コロンビア大学客員研究員。
　　現在　神戸大学大学院経済学研究科教授（金融経済論、金融機構論）
　　　　　大学生協神戸事業ブロック教職員委員長

主要著書
『現代金融経済論の基本問題──貨幣・信用の作用と銀行の役割──』勁草書房、1997年7月。
『金融に強くなる日経新聞の読み方』PHP研究所、2001年7月。
『経済記事の要点がスラスラ読める「経済図表・用語」早わかり』PHP文庫、2002年12月。
『ケインズなら日本経済をどう再生する』税務経理協会、2003年6月。
『あえて「郵政民営化」に反対する』日本評論社、2004年3月。
『ファイナンス理論【入門】』PHP研究所、2005年7月。
『郵政民営化の金融社会学』日本評論社、2006年1月。
『リレーションシップ・バンキングの経済分析』税務経理協会、2007年2月。
『どうなる「ゆうちょ銀行」「かんぽ生保」』日本評論社、2007年9月。
『ケインズ経済学を読む：『貨幣改革論』『貨幣論』『雇用・利子および貨幣の一般理論』』ミネルヴァ書房、2008年3月。
『資本主義はどこへ行くのか 新しい経済学の提唱』PHP研究所、2009年2月。
『サブプライム危機 市場と政府はなぜ誤ったのか』ミネルヴァ書房、2010年10月。
『図解雑学 ケインズ経済学』ナツメ社、2010年11月。
『サブプライム金融危機のメカニズム』千倉書房、2011年3月。
『企業組織とコーポレート・ファイナンス』ミネルヴァ書房、2012年4月。

大学生協のアイデンティティと役割
──協同組合精神が日本を救う

2012年7月10日　第1刷発行		定価（本体2500円＋税）
	著者　滝　川　好　夫	
	発行者　栗　原　哲　也	
	発行所　株式会社　日本経済評論社	

〒101-0051　東京都千代田区神田神保町3-2
電話 03-3230-1661　FAX 03-3265-2993
E-mail・info8188@nikkeihyo.co.jp
URL：http://www.nikkeihyo.co.jp/
印刷・藤原印刷・製本・根本製本

装幀＊渡辺美知子

乱丁落丁本はお取替えいたします。　　　Printed in Japan
© TAKIGAWA Yoshio 2012　　　ISBN978-4-8188-2217-7

・本書の複製権・翻訳権・上映権・譲渡権・公衆送信権（送信可能化権を含む）は、㈱日本経済評論社が保有します。
・JCOPY〈(社)出版者著作権管理機構　委託出版物〉
本書の無断複写は著作権法上での例外を除き禁じられています。複写される場合は、そのつど事前に、(社)出版者著作権管理機構（電話 03-3513-6969、FAX 03-3513-6979、e-mail: info@jcopy.or.jp）の許諾を得てください。

協同組合を学ぶ
　　　　　中川雄一郎・杉本貴志編／全労済協会監修　本体1900円

現代共済論
　　　　　　　　　　　　　　　　　　押尾直志著　本体4000円

シチズンシップ―自治・権利・責任・参加―
　　　　　　　　　　　　キース・フォークス／中川雄一郎訳　本体3200円

協同組合の社会経済制度
―世界の憲法と独禁法にみる―
　　　　　　　　　　　　　　　　　　堀越芳昭著　本体2500円

欧州の協同組合銀行
　　　　　　　　　　　　　斉藤由理子・重頭ユカリ著　本体3600円

非営利・協同システムの展開
　　　　　　　中川雄一郎・柳沢敏勝・内山哲朗編著　本体3400円

キリスト教社会主義と協同組合
　　　　　　　　　　　　　　　　　中川雄一郎著　本体4400円

21世紀の協同組合原則
―ICA アイデンティティ声明と宣言―
　　　　　　　　　ICA 編／日本協同組合学会訳編　本体1400円

西暦2000年における協同組合―レイドロー報告―
　　　　　　　　　　　　日本協同組合学会訳編　本体1200円

協同組合セクター論
　　　　ジョルジュ・フォーケ著／中西啓之・菅伸太郎訳　本体1800円

日本経済評論社